Franz Meurer
Jochen Ott
Peter Sprong

Rheinischer Kapitalismus

Eine Streitschrift für mehr Gerechtigkeit

leseZeichen
greven verlag köln

Gestaltung: Thomas Neuhaus, Billerbeck
Umschlagfoto: Rinaldo Slezak, Dresden
Lektorat: Benjamin Dresen, Solingen
Satz: Thomas Volmert, Köln
Gesetzt aus der FS Lola
Druck und Bindung: Friedrich Pustet GmbH & Co KG, Regensburg
Papier: Munken Premium Cream und Peydur lissé (Umschlag)

ISBN 978-3-7743-0631-8

Detaillierte Informationen über alle unsere Bücher finden Sie unter:
www.Greven-Verlag.de

Inhalt

Vorwort

Wir werfen die Leinen los: Drei Mann in einem Boot. Raus geht's aus dem Kölner Yachthafen, gleich danach drehen wir stromaufwärts. Ein betagtes Motorboot, gebaut vor 80 Jahren in Rotterdam, arbeitet sich den Rhein hinauf. Wer zu den Quellen will, muss gegen den Strom fahren. Das ist hier ganz zu wörtlich zu nehmen. Allerdings: Bei einer Geschwindigkeit von maximal sieben Kilometern pro Stunde wären wir da ziemlich lange unterwegs. Rund 1000 Kilometer legt der Rhein, Europas längste Schifffahrtsstraße, von Konstanz bis Rotterdam zurück und bis zu seinen Quellen in den Schweizer Alpen könnten wir ohnehin nicht vordringen. Aber immerhin bis Basel könnten wir kommen. Das wären noch genau 521 Kilometer, also rund 75 Stunden oder mehr als drei Tage bei ununterbrochener Fahrt.

Keiner von uns hat so viel Zeit: Auf Pfarrer Franz Meurer (62) wartet die Gemeinde St. Elisabeth und St. Theodor, gelegen im rechtsrheinischen Kölner Stadtteil Höhenberg-Vingst – einem Viertel, das man früher als sozialen Brennpunkt bezeichnet hätte. Heute nennen es die Bewohner selbst lieber „Viertel mit Erneuerungsbedarf". Den Total-Absturz kann Pfarrer Meurer dort zusammen mit vielen engagierten Helfern und Unterstützern aus Gesellschaft und Politik seit Jahrzehnten erfolgreich verhindern. Der „Alternative Ehrenbürger" der Stadt Köln stemmt die Herkules-Aufgabe mit kircheneigener Kleiderkammer, selbstorganisierter, ökumenischer Ferienfreizeit vor der Haustür und selbstgemachter Arbeitsagentur, die auch Schulabbrecher und Hauptschüler in Ausbildungen oder

Jobs vermittelt. Zwischendurch tingelt der „Ghetto-Prediger" durch die TV-Talks der Republik und wirbt für Unterstützung.

Auch Jochen Ott (39) kann nicht bis Basel bleiben. Der gebürtige Kölner, dreifache Familienvater und Oberstudienrat a.D. engagiert sich schon seit über zwei Jahrzehnten in der Politik. Seit 2001 ist er Vorsitzender der SPD in Köln und hat ihre Erneuerung vorangebracht, nachdem sie sich durch falschen Klüngel und Korruption beinah selbst zerstört hätte. Zugleich unterhält Jochen Ott beste Beziehungen rheinabwärts nach Düsseldorf. Dort führt er seit 2008 stellvertretend die NRW-SPD und seit 2012 auch die SPD-Fraktion im Landtag und streitet von dort aus für mindestens drei seiner Herzensthemen: den geförderten Wohnungsbau im Rahmen einer stabilen Quartiersentwicklung, die Instandsetzung von Brücken und Straßen sowie die kommunale Selbstverwaltung.

Peter Sprong ist der einzige, der bis Basel an Bord bleiben könnte, denn das Oldtimer-Boot ist ohnehin sein Arbeitsplatz. Als hauptberuflicher Redenschreiber und freier Autor hat der 47-Jährige vor fünf Jahren das Büro an Land gegen die schwimmende Schreibstube eingetauscht. Gemeinsam mit zwei Mitarbeitern versorgt er von Bord aus Männer und Frauen der Wirtschaft mit Redemanuskripten, denn Vorstände und Verbandspräsidenten können nicht alles selbst schreiben. Deshalb begleitet er sie nicht nur redaktionell, sondern auch als Berater und Coach auf ihrem oft risikoreichen Weg ans Rednerpult. Von ihnen hat der studierte Historiker und Literaturwissenschaftler gelernt, „wie Wirtschaft geht" und dass Geld nicht zwangsläufig der Feind des Guten ist.

Der Unternehmensberater, der Politiker und der Pfarrer: Da sitzen Wirtschaft, Politik und Gesellschaft in einem Boot.

Ein Bild, das mittlerweile sogar im konsensverliebten Köln selten geworden ist. Auch in der restlichen Republik sind Wirtschaft, Politik und Gesellschaft meist weit davon entfernt, das gemeinsame Schiff als Team zu steuern, es sicher durch die Wogen der Zeit und gemeinsamen Zielen entgegen zu führen.

Das war doch mal anders! Wo ist die vielgerühmte Integrationskraft des Rheinischen Kapitalismus geblieben? Also jener für Deutschland typischen Spielart der Marktwirtschaft, in der soziale Ansprüche und die Freiheitsbedürfnisse des Marktes miteinander zum Ausgleich kommen; wo Politik, Wirtschaft und Gesellschaft bei allem Streit über Details sich doch immer bewusst sind, dass sie im selben Boot sitzen?

Wie rheinisch kann und soll der Kapitalismus im 21. Jahrhundert noch sein?

Um das herauszufinden, sind die drei Autoren im Kölner Oldtimer-Boot zwar nicht bis nach Basel gefahren. Die Idee, es doch zu tun, gefiel ihnen allerdings so gut, dass sie zumindest in Gedanken auf die Reise und auf Spurensuche gegangen sind: Über 800 kurvenreiche Rhein-Kilometer von Basel nach Rotterdam haben sie der Antwort auf diese Fragen näher gebracht. Dabei waren nicht alle Nebenflüsse und Windungen der wechselvollen Geschichte von Interesse, die der Rheinische Kapitalismus bis heute hinter sich gebracht hat.

Wichtiger war die Welt, die direkt vor der eigenen Haustür beginnt, dort aber nicht endet. Die Fragen von Reichtum und Armut, von Wachstum und Versorgung, von Gestaltung und Teilhabe – das alles ist in Köln-Vingst so aktuell wie in den Favelas von Rio de Janeiro, im deutschen DAX-Unternehmen ebenso wie beim US-Multi, im Stadtrat genauso wie bei den Vereinten Nationen. Nach einer Zeitreise durch Theorie und

Praxis des Rheinischen Kapitalismus nimmt dieses Buch deshalb in drei Kapiteln die politische, die wirtschaftliche und die soziale Situation in Deutschland von einem jeweils subjektiven Standpunkt aus unter die Lupe. Persönliche Fußnoten und launige Anmerkungen der Autoren ergänzen hier und da den Lauftext, um deutlich zu machen: Auch wer im selben Boot sitzt, muss nicht immer einer Meinung sein. Darüber hinaus präsentiert das Buch zahlreiche Beispiele aus dem ganz alltäglichen Leben, die veranschaulichen, was der Rheinische Kapitalismus als ein „dritter Weg" in der Praxis leisten kann – auch wenn dieser Weg nicht immer neu, sondern im Gegenteil wohlbekannt ist. Doch ganz gleich, von wo man schaut: Es sieht ganz so aus, als müsste die Welt „rheinischer"* werden, wenn sie besser werden soll.

---

* Jochen Ott: Deshalb müssen sich auch die Westfalen an dieser Stelle ausnahmsweise nicht aufregen. Bei diesem Begriff von „Rheinland" sitzen sie tatsächlich mit im Boot!

Stromschnelle oder Staudamm: Bringt uns der Rheinische Kapitalismus voran?

Ein Gespenst geht um in Europa und in der Welt: das Gespenst des Rheinischen Kapitalismus, besser bekannt unter seinem Pseudonym „soziale Marktwirtschaft“. Wie es sich gehört für ein Gespenst, ist es in seiner Kontur schwer fassbar, aber gerade deshalb allgegenwärtig. Und es verbreitet Angst und Schrecken. Denn das „deutsche Modell“ sorgt für wirtschaftlichen Erfolg, während weite Teile Europas darniederliegen. In den krisengebeutelten Südländern wächst die Wut über den ewigen Export-Champion im Norden. Und sogar die Briten rätseln irritiert: „Irgendetwas machen die Deutschen richtig“ – so jedenfalls die Diagnose der Londoner Wochenzeitschrift „New Statesman“ 2013.

„Stimmt genau“, möchte man ihnen zurufen. Aber was machen die Deutschen eigentlich richtig? Dass es irgendwie am besonderen deutschen Modell der sozialen Marktwirtschaft liegt, darüber sind sich hierzulande zunächst alle einig. Aber diese Einigkeit endet schnell. Denn kann das wirklich sein: Dass sich im dichten Zigarrenqualm der Erhard-Wunderjahre auch für unsere Zeit eine Art gespenstisches Wundermittel verbirgt? Schließlich geht es nicht mehr um die Währungsreform, sondern um die großen Weltfragen: Wie können wir das Klima retten? Wie schaffen wir den Hunger ab? Wie bändigen wir die digitale Taktung nicht nur der ökonomischen, sondern auch der allerprivatesten Beziehungen?

Sollte es wirklich so sein, dass die Lösung dieser großen Zukunftsfragen ausgerechnet im Rückspiegel sichtbar wird? Beim Blick auf eine Wirtschafts- und Gesellschaftsform, die so unabänderlich zur Ausstattung der 1950er Jahre zu gehören scheint wie der Nierentisch und der Petticoat?

Einen Versuch wenigstens wäre es wert. Richtig ist zwar: Die Antworten von gestern taugen nicht ohne Weiteres zur Lösung der Probleme von morgen. Durchdringt man aber erst einmal die historischen Zigarrennebel Erhards und geht dem vermeintlichen „Gespenst" auf den Grund, dann tritt ein Fundament von Basisüberzeugungen zutage, das keineswegs nur auf „rheinischem" Boden entstanden oder zu Hause ist. Es zeigt sich vielmehr: Selbst in Amerika wird gelegentlich „rheinisch" gedacht, und wo man bisher vor allem und zu Recht die christliche Soziallehre am Werke sah, da haben in Wirklichkeit auch Arbeiterbewegung und liberale Revolutionäre ihre Finger im Spiel gehabt.

Der Rheinische Kapitalismus ist also vielmehr als eine nebulöse Chimäre aus den Anfängen der Bundesrepublik. Schon gar nicht ist er ein beschönigender Ausdruck für den berüchtigten „kölschen Klüngel" – eine Assoziation, die vielen Gesprächspartnern sofort ein vielsagendes Lächeln ins Gesicht zaubert, sobald der Rheinische Kapitalismus erwähnt wird. Die Sache ist vielmehr ernst gemeint, denn im Begriff des Rheinischen Kapitalismus fließen einflussreiche Strömungen jener Debatten zusammen, die seit einem halben Jahrhundert und länger über die Frage geführt werden, wie eine gerechte Gesellschaft unter den Bedingungen der Moderne aussehen sollte: von den christlich motivierten Entwürfen über die Ansätze der sozialen Demokratie bis hin zur jüngeren Gerechtigkeitsphilosophie aus den USA.

Allerdings: Nicht überall werden diese Diskussionen und die daraus gewonnen Einsichten zur Kenntnis genommen. Bei McKinsey zum Beispiel, einem der weltweit größten und einflussreichsten Beratungsunternehmen für die Wirtschaft, werden ganz andere Kulturtraditionen gepflegt. So berichtete die Studentin Julia Friedrichs 2008 in ihrem Buch „Gestatten, Elite", wie skurril es zugeht, wenn der McKinsey-Nachwuchs im sogenannten Assessment-Center ausgesiebt wird. Weil in der Consultant-Kultur kompromisslos nach den „Besten" gesucht wird, passt es ins Bild, dass bei einer großen McKinsey-Feier auf einem Banner über der Bühne als Motto der Veranstaltung zu lesen ist: „Survival of the fittest". So viel soziale Ignoranz war dann selbst dem geladenen Gastredner Guido Westerwelle zu viel, der sich vom Darwin-Zitat peinlich berührt zeigte.

Die Anleihe bei Charles Darwin, dem großen Biologen und Entdecker der Evolutionsgesetze, ist bezeichnend: Nicht die Ideale der Aufklärung, des politischen Liberalismus oder Humanismus bestimmen die Leistungskultur in diesem Teil der „Elite", sondern eine kaum verbrämte Form des Sozialdarwinismus. Allein der Leistungs-„Output" zählt, für den notwendigen Leistungs-„Input" interessiert sich kaum jemand: Wer wird warum zum Hochleister, wer hat warum das Nachsehen? Wieso studieren an unseren Hochschulen vor allem junge Menschen, deren Eltern auch schon studiert haben? Wieso stammt nur rund ein Drittel aus Nicht-Akademiker-Haushalten?

Aus Sicht vieler McKinseys aber scheint es kaum mehr als eine sozialromantische Attitüde zu sein, solche Fragen zu stellen. Und wer wollte es den karriereorientierten Jungstars verdenken, wenn sie es von den Altvorderen nicht anders lernen: Aufsichtsräte, Vorstände und erst recht Banker und Börsianer sprechen über ihr Geschäft immer öfter und immer eindringlicher in der Terminologie eines Kampfs ums Dasein. „Es herrscht Krieg da draußen, und wir wollen in diesem Krieg zu den Siegern gehören", formulierte schon vor Jahren der damalige VW-Vorstandsvorsitzende Ferdinand Piëch, neudeutsch CEO: Chief Executive Officer. Die aus dem Amerikanischen übernommenen „Officer"-Bezeichnungen stammen aus der Welt des Militärs, ebenso wie die streng hierarchischen Gliederungen der meisten Unternehmen. Besondere Besprechungsräume, in die man sich zur strategischen Planung zurückzieht, nennen sich vielerorts ganz unverhohlen „War Rooms". Und nur in Ausnahmefällen fällt das noch irgendjemandem auf – welcher BWL- oder Jura-studierte Manager hat schon die „echten" London War Rooms besucht, wo Premier Churchill im Zweiten Weltkrieg unterhalb der Erde Befehle gab, während oben die deutschen Bomben fielen?

An der Börse schließlich, dem Herzstück der globalen Kapitalströme, herrscht ein fast noch rüderer Geist, jedenfalls ein noch zynischerer. Denn während sich die reale Wirtschaft noch mit Metaphern des realen Krieges ausdrückt, bewegt sich das Selbstverständnis nicht weniger Investmentbanker und Broker offenbar schon auf dem Niveau von virtuellen Kriegen. Die Sprache derer, die ihren Arbeitstag vor einer Vielzahl von Computerbildschirmen verbringen, wird von der Welt der Computerspiele beherrscht, wie sich beispielsweise im Sommer 2012 zeigte, als Finanzkontrolleure aufdeckten, dass ein Ring von Bankern jahrelang wichtige Zinsraten wie den Libor* manipuliert hatte, um sich zu bereichern. Ihre sichergestellten E-Mails offenbarten eine sorglose bis zynische Kultur des Zockens. „Kumpel, du machst Dich verdammt gut in diesem Libor-Spiel. Denk an mich, wenn du auf deiner Yacht in Monaco bist, okay?“, schrieb beispielsweise 2009 ein Börsenmakler an einen Händler der schweizerischen Bank UBS. Und auch Mitarbeiter der Deutschen Bank waren an diesem „Spiel“ offenbar beteiligt. „Wenn man liest, was in den Mails stand, komme ich mir vor wie unter Halbstarken oder bei einer ‚Masters of the Universe‘-Veranstaltung“, empörte sich damals Elke König, die Präsidentin der deutschen Finanzaufsicht BaFin, in einem ZDF-Bericht.

Ob realer oder virtueller Krieg: Die Wirtschaft, so scheint es, gilt solchen Akteuren als zentraler Schauplatz des allgemeinen „Struggle for Life“. Was zu Kaisers Wilhelms Zeiten das Schlachtfeld war – Initiationsstätte junger Männer im Kampf-, Bewährungs- und Siegesrausch –, das ist für viele solcher Menschen heute die Welt der Wirtschaft, nicht nur die der Banken. Und folgerichtig sortieren sie auch den Rest der Welt entlang darwinistischer Denklinien. Ihre Kinder etwa schicken sie bevorzugt auf private Schulen, wo sie zwar vor dem „Bodensatz“ der Gesellschaft in Sicherheit sind – dafür aber in Gefahr,

---

* London Interbank Offered Rate (Libor) ist der täglich festgelegte Referenzzinssatz im Interbankengeschäft, der von den wichtigsten in London international tätigen Banken der British Bankers' Association fixiert wird. Der Libor ist der Zinssatz, zu dem jene Banken am Markt Gelder von anderen Banken aufnehmen beziehungsweise angeboten bekommen.

schon vor dem Abitur den ersten „Burn-out“ zu erleben: Chinesisch im Kindergarten, erster ganzjähriger Auslandsaufenthalt mit 14, ein Neun-Stunden-Tag in der Schule, Nachhilfeunterricht am Abend und Siegerehrgeiz auf dem Fußballplatz oder im Ballettstudio am Wochenende. Freie, also „nutzlose“ Zeit? Langeweile gar? Spontane Verabredungen? Alles Fehlanzeige. Stattdessen gilt es, sich im Kampf ums Dasein im globalen Wirtschaftsdorf beizeiten die vorderen Plätze zu sichern. Wohl noch nie zuvor in der bundesdeutschen Geschichte haben Eltern ihre Kinder mit den eigenen sozialen Abstiegsängsten mehr tyrannisiert. Die Folge: Kinder- und Jugendpsychologen sind auf Jahre hinaus ausgebucht, in den Heimen wachsen den Pädagogen Kriminalität und Asozialität dieser Klientel, Stichwort „Wohlstandsverwahrlosung“, immer mehr über den Kopf.

Schätzungen aus dem Jahr 2006 zufolge leiden fünf bis sieben Prozent aller Kinder und Jugendlichen unter einer behandlungsbedürftigen psychischen Störung. Anderen Erhebungen zufolge sind sogar zwischen 12 und 20 Prozent aller Kinder und Jugendlichen von einer psychischen Störung oder einem gravierenden emotionalen Problem betroffen. Immer mehr von ihnen werden wegen einer Aufmerksamkeitsdefizit- und Hyperaktivitätsstörung (ADHS) mit dem Ruhigstellungsmedikament Ritalin behandelt – auch dann, wenn keineswegs sicher ist, ob wirklich ADHS vorliegt. Noch 1993 verschrieben die Ärzte in Deutschland „nur“ 34 Kilogramm des Medikaments pro Jahr, 2010 wurden bereits 1,8 Tonnen verschrieben, mehr als 50-mal so viel. Und das nur, um aus gestressten Kindern, insbesondere Jungen, beruhigte und damit leistungsfähigere Schüler zu machen.

Wenn vor diesem Hintergrund sogenannte Konservative etwa die Rückkehr zur neunjährigen Schulzeit fordern, wie Anfang 2014 in Bayern geschehen, klingt das zunächst nach Einsicht. In Wahrheit handelt es sich eher um einen Treppenwitz der Geschichte, den jüngst sogar die Tageszeitung „Die Welt“ als solchen erkannte. Sie erinnerte daran, dass es seinerzeit nicht pädagogische Gründe waren, die zur G8-Regelung und auch zur Einführung der Bachelor-Studiengänge geführt haben. „Argumentiert“, so die Zeitung, „wurde damals rein ökonomisch: die Abiturienten seien zu alt, die Studenten demnach ebenfalls, Deutschland sei nicht mehr konkurrenzfähig.“ Es war dieser Druck aus der Welt der Wirtschaftsweisheit, der die Verkürzung der Schulzeit bis zum Abitur und die Internationalisierung der Studiengänge herbeigeführt hat. Jetzt aber, da die Wehrpflicht abgeschafft wurde und der fleißige Bachelor schon nach drei Jahren mit einem Abschluss beim Arbeitgeber anklopft, beschwert sich exakt dieselbe Wirtschaft über 21-jährige Hochschulabsolventen, gesunkenes Bildungsniveau und mangelnde Grundkenntnisse.

Ob „Werteverfall“, „Bildungskatastrophe“ oder die Klage über „Dschungel-Camp“-Kultur und Computerspielsucht: In all diesen Fällen fürchten sich besorgte Kreise des wirtschaftlichen und politischen Establishments vor den Geistern, die sie selbst riefen und mit einer allzu sorglosen Ökonomisierung aller Lebensbereiche jahrelang auf den Tischen tanzen ließen.

Nicht von ungefähr war es der Wirtschaftsliberale und FDP-Politiker Otto Graf Lambsdorff, der 1982 mit seinem Thesenpapier den Sturz der Regierung Schmidt via Misstrauensvotum herbeiführte und den Weg frei machte zu einer „geistig-moralischen Wende“, die offenbar ganz woanders hingeführt hat, als sich das konservative Kohl-Wähler damals vorgestellt haben mögen. Sicher ist nur: Vom Kurs des Rheinischen Kapitalismus haben sich Politik, Wirtschaft und Gesellschaft seit damals ganz offensichtlich überwiegend abgewendet. Und damit haben sie ein Konzept in Vergessenheit geraten gelassen, dessen Maximen uns vor dem einen oder anderen Auswuchs womöglich hätten bewahren können.

Dies trifft ganz besonders auf den Grundgedanken des Rheinischen Kapitalismus zu, den der Kabarettist Jürgen Becker einmal so formuliert hat: „Langfristig ist der Umsatz am größten, wenn alle mittrinken“. Dabei ist ganz ausdrücklich nicht nur der finanzielle Umsatz gemeint, sondern auch der „menschliche Umsatz“: das Miteinander, das Verbindende und bei allen Meinungsverschiedenheiten in der Tiefe doch Einende, das umso größer wird, je mehr Menschen teilhaben.

Und es ist genau dieses Konzept größtmöglicher Teilhabe, es ist die grundlegende Vorstellung einer Gesellschaft als Interessengemeinschaft, die im Inneren mehr verbindet als sie trennt, es ist diese Vorstellung einer Gesellschaft, bei der noch nicht automatisch an alle gedacht ist, wenn nur jeder an sich denkt, die nicht nur im Rheinland, sondern weit darüber hinaus eine große Tradition hat. Sie kann heute eine Leistungsbilanz vorweisen, die – gemessen in Geld *und* Glück – mindestens so erfolgreich ist wie die andere große Variante derselben Idee: der neo-amerikanische Kapitalismus.

Französische Frage: Was ist käuflich?

Diese Gegenüberstellung von Rheinischem und neo-amerikanischem Kapitalismus hat der französische Wirtschaftswissenschaftler Michel Albert zu Beginn der 1990er Jahre in die Diskussion eingeführt. Er wählte für den westeuropäischen Gegenentwurf zum amerikanischen Modell die Bezeichnung „Rheinischer Kapitalismus", weil er entdeckte, dass sich eine Form des solidarisch geprägten Kapitalismus zuerst bei den Völkern des Rheintals entwickelt hatte, also von der Schweiz bis in die Niederlande. Großzügig zählt Albert zu den Ländern des Rheinischen Kapitalismus aber auch Österreich, in Teilen Frankreich sowie die skandinavischen Länder und sogar – mit besonderen Varianten – Japan, das ja nun beim besten Willen nicht mehr am Rhein liegt.

Trotzdem haben diese politischen Ökonomien mehr gemeinsam, als sie trennt. Insbesondere geben sie recht ähnliche Antworten auf die grundlegende Frage: „Was im Leben ist eigentlich käuflich?" Denn so wie jeder einzelne Mensch erwartet, dass er bestimmte Dinge für Geld kaufen kann – Obst und Gemüse, Autos oder eine Fahrkarte –, und bei anderen weiß, dass er sie auch mit viel Geld nicht erwerben kann – Liebe zum Beispiel, Ehre oder einen festen Glauben –, so „wissen" auch ganze Gesellschaften, was bei ihnen zu den handelbaren Gütern gehört und was nicht bzw. welche Güter nur zum Teil oder eingeschränkt handelbar sind. Die Antworten auf diese Fragen sind in einer rheinischen Gesellschaft ganz andere als in einer rein marktkapitalistischen Gesellschaft.

Michel Albert gibt dazu acht besonders deutliche Beispiele:

Erstens: Die Religionen. Sie gelten im rheinischen Modell ganz offenbar als nicht handelbare Institutionen. In den USA hingegen werden sie zunehmend wie gemischte Institutionen geführt. „Fast wie in der Marktwirtschaft“, erklärt die Bundeszentrale für politische Bildung, „wetteifern die Kirchen um Gläubige, da keine Kirchensteuern erhoben werden und sie von Spenden leben müssen. Ständig entstehen neue Kirchen. Die erfolgreichsten Gemeinden bauen sich ‚Megachurches‘, große Prachtbauten, in denen mehrere tausend Gläubige auf einmal Platz finden.“

Zweitens und besonders wichtig: Die Unternehmen. Sie gelten in der amerikanischen Betrachtung prinzipiell als eine Ware wie jede andere, während sie im rheinischen Modell als eine Art von gemeinschaftlichem Besitz betrachtet werden, an dem alle einen Anteil haben, die etwas zum Erfolg beitragen, sei es in Form von Kapital oder in Form von Arbeit.

Drittens: Die Arbeitsentgelte. Sie hängen im amerikanischen Modell stark von Marktschwankungen ab. Im rheinischen Modell beziehen sie sich nur zu einem Teil auf die Produktivität der Empfänger, zu einem anderen Teil auf Kriterien wie Qualifikation, Seniorität oder Tarifvereinbarungen.

Viertens: Der Wohnraum. Er gilt in den USA und verwandten Gesellschaften als Handelsgut, in den rheinischen Gesellschaften handelt es sich um ein gemischtes Gut, nur teilweise frei handelbar, das durch sozialen und kommunalen Wohnungsbau subventioniert und gesetzlich reguliert wird (jüngstes Beispiel: die Mietpreisbremse der Großen Koalition).

Fünftens: Der öffentliche Personennahverkehr. Er wird zwar auch in Nordamerika durchaus reguliert, ist in der Tendenz aber eher ein freies als ein gemischtes Gut. Im rheinischen Modell ist es andersherum. Es gibt Tendenzen zur Privatisierung, insgesamt aber ist der ÖPNV eher ein nicht handelbares oder gemischtes Gut. In Deutschland ist das Schüler-Ticket entweder umsonst oder für maximal 29 Euro pro Monat zu haben. In der kanadischen Stadt Toronto etwa kostet ein bereits preisreduziertes Monatsticket für Schüler rund 80 Dollar.

Sechstens: Die Medien. Sie sind in den USA traditionell fast durchgehend kommerziell, im rheinischen Modell sind sie ein gemischtes Gut, denn Rundfunk und Fernsehen sind zu einem bedeutenden Teil öffentlich-rechtlich organisiert.

Siebtens: Das Bildungswesen unterliegt im neo-amerikanischen Modell klar den Marktgesetzen, im rheinischen ist es diesen weitgehend entzogen – auch wenn hier Privatschulen immer beliebter werden.

Achtens schließlich: Das Gesundheits- und Rechtswesen. In den USA weitestgehend Gegenstand kommerzieller Tauschgeschäfte, gelten Gesundheit und Recht im rheinischen Modell überwiegend als nicht handelbar. Entsprechende Dienste werden von den Angehörigen entsprechender Standesvereinigungen erbracht, die nach innen und außen durch Selbstverpflichtungen und Ehrencodizes gebunden sind. Sie erhalten für ihre Leistungen eher Honorare als Entgelte.

Darüber hinaus kennzeichnet den Rheinischen Kapitalismus laut Michel Albert,

- dass eher die Banken und weniger die Börsen das Finanzgeschehen bestimmen, man es also eher mit „geduldigem“ als mit „ungeduldigem“ Kapital zu tun hat. Das hat natürlich erhebliche Auswirkungen auf die Langfristigkeit, mit der Unternehmen ihre Strategie ausrichten;

- dass Banken und Unternehmen eng verflochten sind;
- dass in den Unternehmen eine ausgewogene Machtbalance zwischen Anteilseignern und Management besteht;
- dass zwischen Gewerkschaften und Arbeitgebern eine Sozialpartnerschaft herrscht (als Modell in den USA gänzlich unbekannt und auch kaum vorstellbar);
- dass durch duale Berufsausbildung eine gut ausgebildete und über lange Zeiträume loyale Belegschaft die Regel ist;
- dass es vergleichsweise starke staatliche Regulierung wirtschaftlichen Handelns (Marktregulierung) gibt und schließlich
- dass in der Bevölkerung ein weitgehender Konsens über die Bedeutung gemeinschaftlicher Interessen sowie über die Ziel- und Wertvorstellungen einer eher egalitären Gesellschaft besteht.

Stiller Ort: Lösung zwischen den Stühlen

Wie ein solcher Kapitalismus ganz konkret – auch auf der Ebene des einzelnen Unternehmens – aussehen kann, das zeigt mustergültig ausgerechnet eine Beobachtung in der Sanitär-Wirtschaft: Wer zum Beispiel im Kölner Hauptbahnhof eine öffentliche Toilette sucht, wird dort nach einigem Suchen auf eine Einrichtung treffen, die seine kühnsten Vorstellungen von einer Bedürfnisanstalt wahrscheinlich übertrifft. „Mc Clean" verblüfft mit einem Höchstmaß an Sauberkeit, mit Chrom und Milchglasscheiben. Anstelle der sattsam bekannten üblen Gerüche verströmt die Toilettenanlage hygienisch-chemischen Duft. So etwas ist selten in Bahnhöfen, und der Reisende könnte sich freuen, wäre da nicht der Preis: Einen Euro „Eintritt“ kostet der Austritt im Kölner Picobello-Klo. Reinlichkeit hat offenbar ihren Preis. Das ist zwar verständlich, ändert aber nichts daran, dass nicht jeder, der „muss“, diesen Preis auch zahlen kann. „Wenn ich schon nicht mehr umsonst pinkeln kann, dann ist das doch Sch...“, meinte unlängst etwa ein Obdachloser, der vor der neonbeleuchteten Toilettenfassade kehrt machte. Und soll eine Familie mit drei Kindern im Schatten des Kölner Doms tatsächlich fünf Euro für den Klogang bezahlen müssen?

Früher war das anders: Die öffentliche Bedürfnisanstalt konnte bis zur Modernisierung des Hauptbahnhofs im Jahre 2000 natürlich jeder kostenlos benutzen. Ebenso natürlich stellten sich aber damals die Folgen dieser Öffentlichkeit ein: Weil bekanntlich keinem gehört, was allen gehört, fühlte sich niemand so recht zuständig und der kostenlose Bedürfnisort verkam zu einem Ort des Grauens, den zwar die Obdachlosen und Drogenabhängigen in ihrer Not noch nutzten. Die erwähnte Familie aber hätte dort selbst dann keine Zuflucht gesucht, wenn man ihr fünf Euro dafür bezahlt hätte.

Das zeigt: Weder die „sozialistische“ Variante eines kostenlosen Kollektiv-Klos noch das Vordringen des Raubtierkapitalismus in den Keramikbereich führt zu einem wirklich zufriedenstellenden Ergebnis für alle.

Die richtige Lösung liegt vielmehr dazwischen und ist auf deutschen Autobahnraststätten zu erleben. Auch dort stellte die Sanitär-Situation den Reisenden noch bis weit in die 1990er Jahre auf eine harte Probe. Ein Ende des Desasters kam mit der Beauftragung der Firma Sanifair. Sie betreibt heute in privatwirtschaftlicher Verantwortung rund 370 Toilettenanlagen entlang der deutschen Bundesautobahnen. Jede einzelne kann es mit der Kölner Klo-Kathedrale aufnehmen, aber der „Eintritt“ kostet keinen vollen Euro, sondern 70 Cent. Davon wiederum kann man 50 Cent bei einem Einkauf im angrenzenden Rastplatz-Shop oder bundesweit bei einem der teilnehmenden Partnerunternehmen auf den Kaufpreis anrechnen lassen (der Betreiber dort freut sich). Und für Kinder ist der Eintritt ins Toilettenparadies frei (die Klo-Kunden freuen sich).

Sicher: Auch dieses System ist nicht perfekt und muss mit Kritik von beiden Seiten rechnen. Zu teuer und zu kompliziert finden es die einen. Andere wiederum mögen sich daran stören, dass Sanifair ein De-facto-Monopol errichtet und den privatwirtschaftlichen Wettbewerb ausgehebelt hat – was Sanifair in die Lage versetzt, eines Tages die Preise in die Höhe treiben zu können. Aber gerade diese Position des stillen Örtchens zwischen allen ideologischen Stühlen spricht sehr dafür, dass es sich um ein Anwendungsbeispiel des Rheinischen Kapitalismus handelt: Privatwirtschaftliche Dynamik, gezähmt durch ein gemeinwohlorientiertes Regelwerk – das ist genau der Grundgedanke dieser Spielart von Marktwirtschaft, die man deshalb auch die „soziale“ nennt.

Doch so einfach der Rheinische Kapitalismus in der Praxis scheint, so zwiespältig und konfliktträchtig ist die Frage nach der geistigen Deutungshoheit über den beliebten Begriff und seine semantische Zwillingsschwester, die soziale Marktwirtschaft.

Denn was sich hinter diesem Begriff aus den Gründungsjahren der Republik heute an Parteien, Publizisten und Populisten so alles versammelt, reicht politisch betrachtet von relativ weit rechts bis ziemlich weit links, von radikal-liberal bis sozial-liberal.

Selbst die marktradikalen Erfinder einer angeblich „neuen“ sozialen Marktwirtschaft nehmen das Nachkriegskonzept für ihre Ideen in Anspruch, ebenso wie die „Alternative für Deutschland“. Von der Privatisierung des Sozialen bis hin zum Euro-Austritt: alles „soziale Marktwirtschaft“?*

Soviel Begriffsbeliebigkeit ist erstaunlich im Land der Dichter und Denker, und sie zeigt: Es gibt ganz offenbar eine schlichte Frage, deren Beantwortung Deutschland in zwei Lager teilt.

Hat das Land die größte Wirtschaftskrise seit dem Zweiten Weltkrieg besser überstanden als andere Länder, *weil* oder *obwohl* die Marktwirtschaft hierzulande nicht nur „frei“, sondern auch „sozial“ ist?

Die einen – und das sind praktisch alle, die selbst Wirtschaft treiben oder ihr in der Politik nahestehen – antworten ohne zu zögern: „obwohl“. Man könne von Glück sagen, so ihre Argumentation, dass Gerhard Schröder als Bundeskanzler immerhin die Agenda 2010 und damit vor allem die Flexibilisierung der Arbeit und wenigstens eine teilweise Entlastung der Sozialkassen herbeigeführt habe. Geringere Kosten gleich höhere Wettbewerbsfähigkeit. Und wenn wir den Anschluss an die Weltspitze nicht ganz bald verlieren wollen, dürfen wir uns keinesfalls ausruhen, sondern müssen über Schröders Anfänge noch hinausgehen: noch weniger Staat, noch mehr

* Jochen Ott: Perfide haben die Clements, Henkels, Lindners und andere den Begriff de facto entmannt. Kalte „Entfesselungskünstler“ missbrauchen den Begriff „sozial“.

privat. Weniger Regulierung, mehr Eigenverantwortung – von den Finanzmärkten bis zum Gesundheitswesen. Die Exzesse der Finanzwirtschaft, die die Welt in den Abgrund haben blicken lassen und die Steuerzahler Milliarden kosten? Schwarze Schafe, Einzelfälle, die mit der aufrichtigen Realwirtschaft nicht viel zu tun haben!

Geschiedene Geister: Die soziale Demarkationslinie

Die anderen – und das sind vor allem jene, die das tägliche Elend der Teilzeit- und Minijobber-Familien, des Kindergartennotstands, der Bildungsmisere, der Migrantenschicksale und der Krankenhausdesaster hautnah miterleben – sagen ebenso entschlossen: *Weil* die Marktwirtschaft in diesem Land sozial ist, hat Deutschland die Krise gut überstanden. Zur Erinnerung: Die Masse der Steuerzahler trägt die Folgen der Finanzmarktkrise. Die Gewinne wurden privatisiert, die Verluste sozialisiert. Hätten wir nicht ein halbes Jahrhundert lang soziale Substanz, eingeübte Konsenskultur und ein immerhin noch in Resten vorhandenes Klima des Miteinanders geschaffen, wäre diese Gesellschaft spätestens an diesen Lasten endgültig zerbrochen und wir stünden vor einem sozialen Scherbenhaufen, der sich auch durch satte Unternehmensgewinne nicht mehr zu einem Ganzen zusammensetzen ließe.

So verläuft quer durch die öffentliche Diskussion in Deutschland eine „Demarkationslinie des Sozialen“. Darüber schwingt das Pendel des jeweils herrschenden Zeitgeistes seit den 1980er Jahren hin und her: Bis zur Wiedervereinigung liegt das „rheinische“ Modell der sozialen Marktwirtschaft vor dem neo-amerikanischen, wie es seit der Regierung Reagan in den 1980er Jahren etabliert wurde. „Ökonomisch und sozial überlegen“, urteilt noch 1991 Michel Albert. Dann, nach der Auflösung der Ost-West-Spaltung, kam der Sieg der Globalisierung und zugleich der Sieg der digitalen Welt über die analoge: Börse schlägt Banken, Tempo schlägt Gemächlichkeit, Privatisierung und Deregulierung feiern ihre größten Erfolge. Der Glanz des Rheinischen Kapitalismus verblasst und der „American Way“ schickt sich offenbar an, endgültig die Welt zu beherrschen. Schon damals allerdings bleibt diese Tendenz nicht unwidersprochen: Anthony Giddens, britischer Soziologe, sowie die deutschen und britischen Regierungschefs Schröder und Blair propagieren als Alternative einen „Dritten Weg“, der vielen „zu links“, fast ebenso vielen aber „zu rechts“ ist. Dann erst, hervorgerufen durch die wachsende Besorgnis um den weltweiten Klimawandel und vor allem durch die globale Finanzkrise, erfolgt die dritte Bewegung des Pendels in weiteren Teilen der öffentlichen Meinung: Selbst liberale Unternehmer der Realwirtschaft fühlen sich plötzlich als Opfer entfesselter Finanzmärkte und fordern, ganz rheinisch, die Rückkehr der Banken zu ihren originären Aufgaben der Unternehmensfinanzierung.

Verkehrte Welt also im Land der sozialen Marktwirtschaft: Erst führen die Sozialdemokraten das Land aus der Erstarrung der Kohl-Jahre, die der Chefökonom der Deutschen Bank Walter eine Zeit des „bundesrepublikanischen Sozialismus“ nannte, in die neue Zeit der Deregulierung. Dann fordern Mittelstand und Industrie mehr Regeln für die Finanzwelt. Erst in jüngster Zeit sortieren sich die Fronten wieder in gewohnter Weise: Vehementer als zuvor fordert das linke Spektrum den sozialen Ausgleich, während die liberalen Kräfte weiter nach dem Markt rufen. Konsens und Kompromiss, über Jahrzehnte die Stärke der deutschen Gesellschaft, scheinen dabei weitgehend verschwunden zu sein.

Nicht einmal mehr verständigen können sich die beiden Seiten diesseits und jenseits der sozialen Demarkationslinie. Zumindest in der Kommunikation ist „das Ganze" schon nicht mehr vorhanden. „Raubtierkapitalisten" schimpfen die einen. Sie sehen eine Welt, dominiert vom Diktat des Ökonomischen. „Sozialromantiker" schimpfen die anderen. Sie sehen an derselben Stelle eine permanente Enteignung und „sozialistische" Umverteilung am Werk – und das, obwohl doch das Ideal vom Sozialstaat, wie sie finden, längst überholt ist. Die Marktliberalen sehen in der Politik Wegbereiter des Staatsbankrotts, regulierungswütige Bevormunder und Feinde der Freiheit am Werk. Von dort aus gesehen wiederum und auch aus dem Blickwinkel der zahllosen gesellschaftlich engagierten Milieus scheint die Wirtschaft bevölkert von egoistischen, gewissen- und verantwortungslosen Vollstreckern kalter Kapitalinteressen.

Vereinte Gegensätze: Gibt es den „Dritten Weg"?

Kann der Rheinische Kapitalismus die verfeindeten Lager wieder zusammenführen? Wie ist es um die Zukunft des rheinischen Modells bestellt? Erleben wir jetzt, nach der Finanz- und während der Schuldenkrise, nur einen dritten Ausschlag des Pendels oder taugt der Rheinische Kapitalismus als Wegweiser zu einem erneuerten „Dritten Weg“, an dessen Ende das Beste aus beiden Welten, die Idee der Freiheit und die Idee der Brüderlichkeit, zueinander findet?

Die Bildung einer solchen Synthese jedenfalls sollte das Ziel der Entwicklung sein, dies ist die gemeinsame Überzeugung und zugleich die Hoffnung der drei Autoren dieses Bandes: Dass die Gesellschaft einen – vielleicht neuen – Weg zum „Rheinischen Kapitalismus“ findet, anstatt, wie es der berühmte Rheinländer Karl Marx formulierte, in der „Barbarei“ zu enden. Der von ihm empfohlene Kommunismus jedenfalls hat sich zu diesem Zweck ja als praktisch untauglich erwiesen.

Deshalb geistert heute auch nicht mehr der Kommunismus als verheißungsvolle Utopie durch Europa und die Welt. Was vielen heute mitunter „gespenstisch“ vorkommt, wenn sie den Deutschen zusehen, das ist in Wahrheit ein alter Bekannter, den viele aus den Augen verloren hatten und der dabei ist, sich neu zu erfinden. Es ist der Rheinische Kapitalismus. Er prägt den „German Way of Life“ seit einem halben Jahrhundert. Und *weil* das so ist, nicht *obwohl* das so ist, hat Deutschland nicht nur die außerordentliche Herausforderung der Wiedervereinigung, sondern auch die jüngste Weltwirtschafts- und -schuldenkrise besser als andere gemeistert.

Der Rheinische Kapitalismus mag in die Jahre gekommen sein. Er hat vieles leisten müssen, wurde von angeblich effizienteren, jüngeren Brüdern infrage gestellt und zeigt Zeichen der Erschöpfung. Stärkung und Ertüchtigung dürften ihm also guttun. Aber auch die Weisheit einer wechselvollen Geschichte steht ihm gut zu Gesicht. Die Mischung aus jugendlichem Potenzial und milder Altersweisheit macht ihn auf geheimnisvolle Weise attraktiv – sogar im angelsächsischen Kapitalismus: „Irgendwas machen die Deutschen richtig.“

Von der Quelle bis zur Mündung: Rheinischer Kapitalismus im Fluss

Ulrich Tukur, der Schauspieler aus Deutschland, agiert diesmal im Ambiente verglaster Hochhausfassaden und aalglatter Manager: mitten in Houston, Texas – dort also, wo Amerika am amerikanischsten ist, wo Öl und Dollars fließen. Neben Tukur im Auto sitzt sein US-Kollege auf dem Beifahrersitz, aus der Sound-Anlage des Straßenkreuzers dringt die Stimme eines professionellen Vorlesers. Der zitiert aus einem Ratgeber-Buch. Eigentlich geht es wohl um den schnellen Weg zum Reichtum. An einer Stelle aber wird der Vorleser philosophisch. Er sagt: „Um unsere Seele entfalten und unsere Talente entwickeln zu können, müssen wir über viele materielle Dinge verfügen." Das bringt den Mann auf dem Beifahrersitz auf die Palme. Er ist „echter" Amerikaner und findet, dass individuelles Wohlergehen nur zwei Voraussetzungen kennt: persönliches Wollen und persönlichen Einsatz. Den Deutschen am Steuer fragt er deshalb: „Was für ein Schwachsinn ist das denn? Hitler?" Ulrich Tukur versucht zu widersprechen, aber es hat gar keinen Sinn. Ob er vielleicht Mitglied einer Sekte sei, will der Amerikaner wissen. Tukur schaltet das Hörbuch ab.

Die kleine Szene aus dem Film „Houston" bringt auf drastische Art und Weise zum Ausdruck, wie groß die Unterschiede innerhalb eines vermeintlich gleichen Kulturkreises sein können: Selbstverständliches aus dem europäischen Erbe der Aufklärung klingt für amerikanische Ohren schnell nach einem

Generalangriff auf die Freiheit. Dass die Gemeinschaft, sprich: der Staat, dem Einzelnen ein Leben in Freiheit erst ermöglicht, auch indem sie für ausreichende materielle Grundlagen sorgt, diese Idee staatlicher Fürsorge liegt dem klassischen amerikanischen Lebensgefühl so fern wie der Mond. Umgekehrt allerdings gilt das nicht: Weil die Idee individueller Freiheit ihre Wurzeln ebenfalls in Europa hat – sogar in derselben aufklärerischen Tradition wie die Idee des fürsorglichen Staats –, stehen Europäer dem amerikanischen Freiheitspathos näher als Amerikaner dem kontinentaleuropäischen Staatsvertrauen.

Zwar haben sich die Franzosen im Jahre 1886 bei den Amerikanern mit der Freiheitsstatue für die Inspiration zu ihrer eigenen Revolution bedankt. Seitdem aber haben sich nicht nur diese beiden Länder denkbar unterschiedlich entwickelt. Auch die gemeinsamen liberalen Wurzeln des alten und des neuen Kontinents haben ganz unterschiedliche Blüten getrieben: In den USA etablierte sich eine libertäre Spielart des aus Großbritannien importierten Liberalismus, in der die möglichst einschränkungslose Freiheit des Individuums an erster Stelle steht. Auf dem weiten Kontinent konnte sie sich mit der großen Erzählung der Landnahme, des persönliches Muts und der Tapferkeit des Einzelnen verbinden, woraus die amerikanische Zivilisation erwachsen ist.

Auf dem europäischen Kontinent hingegen fielen die Ideen des Liberalismus auf staatlich je unterschiedlich vorgeprägten Boden: auf vorhandene absolutistische Strukturen ebenso wie auf patriarchalisch geführte Klein-Königreiche und Fürstentümer. Entweder bezogen revolutionäre Bürger die alten Paläste (Paris) oder die Paläste öffneten ihre Tore den neuen

Ideen (Potsdam) – in jedem Fall verbündete sich die Staatsgewalt mit den neuen Ideen, wenn auch in sehr unterschiedlichem Tempo und Ausmaß. Immer aber bedeutete liberal auf dem alten Kontinent nicht libertär, sondern sozial-liberal – von Rousseau und Montesquieu bis zu Hegel und Marx –, freilich mit immer neuen Verschiebungen der Akzente. In New York aber grüßt die Freiheitsstatue von Liberty Island noch immer nach Manhattan hinüber, als verkörperte sie den einen, gemeinsamen Begriff der Freiheit, hinter dem sich alle versammeln können und auf dem alles gründet, was „den Westen" ausmacht.

Genau das aber ist so gar nicht der Fall. Vielmehr steht das amerikanische Modell auf der einen und das kontinentaleuropäische auf der anderen Seite. Es gibt einen American und einen European Way of Life. Die Ziele beider Wege sind in der Tat nicht sehr verschieden. Ihre Beschaffenheit aber ist es umso mehr. Und dieser Unterschied, beinah schon ein Gegensatz, durchzieht heute – häufig unerkannt – die meisten Diskussionen um die Zukunft der westlichen Gesellschaften. Wie der Freiheit geht es dabei auch dem Kapitalismus. Hier wie dort wird derselbe Begriff verwendet. Gemeint aber ist jeweils etwas völlig anderes: marktliberaler oder libertärer Kapitalismus auf der einen Seite und ein politisch stärker gesteuerter Kapitalismus auf der anderen Seite. Während sich auf der einen Seite alles um den „Pursuit of Happiness", um das individuelle Streben nach Glück dreht, geht es auf der anderen um „Wohlstand für alle". Das eine Modell ist das amerikanisch-libertäre oder marktliberale Modell. Das andere ist das Modell des Rheinischen Kapitalismus. Wer vergisst, aus welcher Welt er stammt, findet sich schnell in unübersichtlichen und irritierenden Situationen wieder – so wie Ulrich Tukur als deutscher Headhunter in Houston.

Um das zu verhindern – für den Einzelfall ebenso wie für die Gesellschaft insgesamt –, kann es helfen, sich an die Quellen der verschiedenen Auffassungen von Kapitalismus im Wortsinne zu erinnern. Die Quellen des Rheins liegen bekanntlich in den Alpen, genau gesagt: in der Schweiz. Aber würde man ausgerechnet dort – im Land der Banken und der Schwarzgeldkonten – auch die Quelle des Rheinischen Kapitalismus vermuten? Wohl eher nicht. Und tatsächlich kann man nicht sagen, dass der Rheinische Kapitalismus in der Schweiz erfunden worden wäre.

Dieses Verdienst gebührt wohl eher den Deutschen. Zumindest haben sie diese – auch unter dem Synonym „soziale Marktwirtschaft" bekannte – Spielart des Kapitalismus entwickelt. Trotzdem ist auch Ludwig Erhard nicht ihr Erfinder. Wie so oft in der Geschichte und in der Natur gilt vielmehr auch bei diesem Thema: Es sind viele verschiedene Quellflüsse und Rinnsale, die zusammenkommen müssen, damit sich das Ganze zu einem notablen Fluss auswächst. Und so wie da aus dem Gebiet zwischen Sankt Gotthard und San Bernardino einiges zusammenkommt, aus dem dann der Rhein wird, so speist sich auch der Rheinische Kapitalismus aus vielen Quellen und verzweigt sich bis heute in viele Nebenflüsse.

Am Oberrhein: Bergwelt contra Meerwelt

Eine der Quellen aber liegt durchaus in der Schweiz, genauer gesagt: in den Eigentümlichkeiten des Kontinentalen – im

Unterschied zum Maritimen. Der erwähnte Michel Albert sprach sogar von einem „alpinen Way of Life". Und damit meinte er einen spezifischen Typus der Umgangs-, Sozial- und Wirtschaftskultur, der sich vom maritimen Typus deutlich unterscheidet. Auf diese Idee ist der Franzose Albert gekommen, als er zu Beginn seiner Laufbahn bei einer Versicherung arbeitete. Damals merkte er: Es gibt sozusagen Berg- und Meer-Versicherungen, solche vom alpinen Typus und solche vom maritimen Typus.

Die Letzteren sind insbesondere bei den angelsächsischen Völkern beheimatet und aus der Versicherung für Schiffsladungen entstanden, einer höchst risikoreichen Angelegenheit. Um das Risiko für die Versicherung zu minimieren, wurde schon früh jeder Fall sehr individuell behandelt. Immer mit der Fragestellung: Wie wahrscheinlich ist es, dass *dieses* Schiff mit *dieser* Besatzung unter *diesem* Kapitän auf *dieser* Route mit *dieser* Ladung tatsächlich heil an seinem Zielort ankommt? Je nachdem, kam man zu recht unterschiedlichen Ergebnissen – und zu sehr unterschiedlichen Versicherungssummen. Dieses Prinzip herrscht zum Beispiel bei der weltberühmten Versicherungsgesellschaft Lloyds bis heute. Man kann dort alles versichern – weil man den Individualismus zum Leitprinzip gemacht hat. Das geht sogar soweit, dass dort heute die Versicherungstarife für komplexe Geschäfte oder große Warenmengen im Minutenrhythmus angepasst werden – je nachdem, welches Risikoprofil der Versicherungscomputer aus hunderten von risikorelevanten Einflussgrößen in Echtzeit berechnet. Gleichzeitig versucht die Versicherung mit dem Geld, das sie nicht auszahlen muss, ihr Risiko weiter zu senken, indem sie es durch geschickte Investitionen auf den Kapitalmärkten vermehrt. Das maritime Modell ist also ein spekulatives Modell, bei dem versucht wird, ein Individualrisiko auszurechnen. Und nur für dieses Risiko muss der Versicherungsnehmer zahlen.

Anders im alpinen Modell, dessen typischstes Beispiel die früheren Autoversicherungen sind. Sie arbeiteten mit einheitlichen Pflichttarifen. Ganz gleich, wie oft und wohin man fährt, mit welchem Auto, wie alt oder jung man ist, Mann oder Frau: Alle zahlten für die Haftpflicht denselben Standardtarif. Das war das Solidarmodell. Dabei werden individuelle Risiken auf die Gemeinschaft umgelegt. Das heißt: Menschen mit geringem Risiko zahlen durchaus mehr, als sie eigentlich müssten, und helfen so mit, das höhere Risiko von anderen abzudecken. Weil das aber alle tun, ist der nötige Betrag relativ gering und für alle Beteiligten zumutbar. Gleichzeitig ist jeder für diesen geringen Betrag trotzdem gut versichert, wenn doch einmal etwas passieren sollte.

In der Autoversicherung ist dieses Prinzip zwar mittlerweile abgeschafft, in anderen Bereichen aber ist es (noch) in Kraft: etwa bei der gesetzlichen Krankenversicherung oder der gesetzlichen Rentenversicherung in Deutschland. Zwar zahlen die Mitglieder hier unterschiedliche Beiträge, je nach Einkommen. Aber das Prinzip ist insofern dasselbe, als die Leistungen nicht von der Höhe der Beiträge oder der Dauer der Mitgliedschaft abhängen. Wer in eine Krankenkasse eintritt und am nächsten Tag einen Unfall hat, der hat den gleichen Anspruch auf Kostenübernahme für seine medizinische Versorgung wie ein Mitglied, das seit 30 Jahren Beiträge zahlt und noch nie krank war.

Dieses alpine Solidarmodell einerseits und das maritime Individualmodell andererseits repräsentieren nach Michel

Albert die beiden Grundformen des Kapitalismus, wie sie sich auf der Welt gegenüberstehen: der Rheinische Kapitalismus auf der einen und der angelsächsisch, besonders aber amerikanisch geprägte Marktkapitalismus auf der anderen Seite.

Freiburg: Neue Schule gebrannter Kinder

Erstmals systematisch nachgedacht wurde über die Unterschiede zwischen beiden Traditionen und über die Grundausrichtung des rheinischen Modells ein paar Rheinkilometer flussabwärts von Basel: in Freiburg. Rund um den an der dortigen Universität lehrenden Wirtschaftswissenschaftler Walter Eucken entwickelte sich nach dem Zweiten Weltkrieg eine Denkschule, die man damals (und auch später noch) die Neoliberalen nannte – eine Bezeichnung, die angesichts der heutigen Begriffsverwendung schnell und gründlich in die Irre führen könnte. Denn was Eucken und seine Mitstreiter antrieb, war eben nicht die Forderung nach einem möglichst einschränkungslosen Marktwettbewerb. Es war vielmehr die Erfahrung der Weltwirtschaftskrise, die diese Männer geprägt hatte. Sie waren sich sicher: Es waren ganz wesentlich das damalige Versagen der Märkte ebenso wie das Scheitern staatlicher Lenkung, die die Weltwirtschaftskrise ausgelöst bzw. nicht verhindert hatten, die wiederum den ökonomischen wie sozialen Nährboden für den Aufstieg des Faschismus in Deutschland und anderen Teilen Europas gebildet hatte.

Dies galt es für die Zukunft zu verhindern. Und es galt für diese christlich geprägten Vordenker des Rheinischen Kapitalismus mindestens ebenso zu verhindern, dass sich die andere totalitäre Ideologie ihrer Zeit der Wirtschaft und der Gesellschaft bemächtigte: der Kommunismus.

Beide Gefahren wollten sie bannen, indem sie das freie Spiel der Marktkräfte mithilfe eines Ordnungsrahmens zähmten. Diesen Rahmen, den sogenannten Ordo (lat. für Ordnung), sollte die Politik setzen und damit die konstituierenden Prinzipien der Wettbewerbsordnung garantieren. Dies waren für Eucken vor allem ein funktionsfähiges Preissystem, freier Zugang zu den Märkten, Privateigentum an Produktionsmitteln, Vertragsfreiheit, Haftungsprinzip und eine Konstanz der Wirtschaftspolitik.

Da Eucken es für unmöglich hielt, eine solche Wettbewerbsordnung zu verwirklichen ohne eine ausreichend stabile Währung, ordnete er der Währungspolitik das Primat zu. Hinzu kamen ausgleichende Sozialpolitik, die Verhinderung von Monopolen, eine ausgewogene Einkommensverteilung, funktionierende Arbeitsmärkte und – schon damals – die politische Berücksichtigung von Umweltfolgen. Eine in ihren Grundsätzen homogene Wirtschaftsverfassung muss laut Eucken der Gestaltung der Lebenswirklichkeit in diesen Bereichen ihre politische Richtung geben.

Auf diese Weise sollte die Gesellschaft einen „Dritten Weg" einschlagen; einen Weg, auf dem sich die Dynamik der freien Marktwirtschaft und des Privateigentums verbinden ließe mit den sozialen Ausgleichsansprüchen der Gesellschaft. Aber erst einer seiner Nachfolger machte daraus dann jenes Programm, das bis heute die sozioökonomische Realität in Deutschland prägt: die soziale Marktwirtschaft. Der Begriff geht zurück auf den Nationalökonomen und Kultursoziologen Alfred Müller-Armack. Er baute auf den Ideen Euckens auf, gab aber der

Sozialpolitik sowie der staatlichen Konjunktur- und Strukturpolitik ein weit größeres Gewicht als Eucken, für den Sozialpolitik allenfalls als Minimalprogramm gegen extreme Missstände erforderlich erschien und der Konjunkturpolitik für schlichtweg überflüssig, ja schädlich hielt.

Gelehrige Schüler: Das Rheinland als Leitkultur

Ludwig Erhard, von 1949 bis 1963 Wirtschaftsminister unter Kanzler Konrad Adenauer, überführte diese Ideen in praktische Politik. Die Verheißung „Wohlstand für alle“ erfüllte sich in den Wirtschaftswunderjahren – auch dank großzügiger wirtschaftlicher Unterstützung durch die USA – auf beeindruckende Weise und mit enormer Geschwindigkeit.

Bereits 1950 hatte das Realeinkommen der durchschnittlichen Arbeiterfamilie das Vorkriegsniveau überschritten. In ihrem Gründungsjahr 1949 hatte die Bundesrepublik das Wohlstandsniveau und den Grad der Modernität erreicht wie vor dem Krieg. Der bis dahin nur vereinzelt verwendete Begriff „Wirtschaftswunder“ wurde 1955 zum geflügelten Wort.

Erst ab Anfang der 1960er Jahre ging der Investitionsboom langsam zurück, der technische Rückstand war aufgeholt. Die Wirtschaft wuchs jedoch bis einschließlich 1973, dem Jahr der ersten Ölkrise, weiterhin sehr dynamisch, nur unterbrochen von der leichten Rezession des Jahres 1967. Erst 1973 endete der Nachkriegsboom. Diese wirtschaftliche Entwicklung gilt als einer der Gründe dafür, dass die zweite deutsche Demokratie, anders als die Weimarer Republik, von der

Bevölkerung akzeptiert wurde, obwohl sie ein Produkt der alliierten Besatzung war, da sie Wohlstand, Stabilität und sozialen Ausgleich versprach.

Damit war das geschafft, was in den allerersten Anfangsjahren des materiell wie moralisch geschlagenen Landes keinesfalls klar gewesen war: Dass sich das Land nicht nur militärisch und bündnispolitisch nach Westen orientierte, sondern auch wirtschaftlich und gesellschaftlich. Schließlich forderten nach dem katastrophalen Ende der kapitalistischen Weimarer Republik nicht nur Kommunisten und Sozialdemokraten die völlige oder doch teilweise Abschaffung des Privateigentums. Auch die nordrhein-westfälische CDU formulierte noch 1947 in ihrem Ahlener Programm: „Das kapitalistische Wirtschaftssystem ist den staatlichen und sozialen Lebensinteressen des deutschen Volkes nicht gerecht geworden. Nach dem furchtbaren politischen, wirtschaftlichen und sozialen Zusammenbruch als Folge einer verbrecherischen Machtpolitik kann nur eine Neuordnung von Grund aus erfolgen. Inhalt und Ziel dieser sozialen und wirtschaftlichen Neuordnung kann nicht mehr das kapitalistische Gewinn- und Machtstreben, sondern nur das Wohlergehen unseres Volkes sein. Durch eine gemeinschaftliche Ordnung soll das deutsche Volk eine Wirtschafts- und Sozialverfassung erhalten, die dem Recht und der Würde des Menschen entspricht, dem geistigen und materiellen Aufbau unseres Volkes dient und den inneren und äußeren Frieden sichert."

Konrad Adenauer wusste so viel „Sozialismus" sehr bald auf geschickte Art und Weise zu verhindern, und auf der anderen Seite des politischen Spektrums rückte auch die SPD von ihren Enteignungsplänen ab und erkannte 1959 in ihrem Godesberger Programm (auch Godesberg liegt am Rhein!)

die kapitalistische Wirtschaftsform als Grundlage des politischen Handelns an. Die sozial-liberale Koalition brachte in der eigenen Regierungspraxis den Rheinischen Kapitalismus vor allem dadurch voran, dass sie das Prinzip „guter Nachbarschaft“ zum Programm erhob – „nach innen wie nach außen“. Das von Willy Brandt formulierte Prinzip führte zur Versöhnungspolitik mit den ehemaligen Kriegsgegnern und innergesellschaftlich zu einer zweiten „Neugründung der Republik“ (Gerhard Baum). Die erweiterte Mitbestimmung in den Betrieben etwa oder die bildungspolitischen Weichenstellungen für mehr Chancengleichheit waren Ausdruck dieses Aufbruchs zu einem neuen Entwicklungsabschnitt des Rheinischen Kapitalismus in Deutschland.

Bis allerdings der Begriff der sozialen Marktwirtschaft auch offiziell Teil der sozialdemokratischen Gesellschafts- und Wirtschaftspolitik wurde, vergingen noch viele Jahre. Stattdessen hielt die SPD an der Vision des Demokratischen Sozialismus fest. Erst in den 1990er Jahren erschien die soziale Marktwirtschaft in offiziellen Schriften der Gewerkschaften und der SPD. Heute heißt es im Hamburger Programm der Sozialdemokraten: „Im 20. Jahrhundert ist mit der sozialen Marktwirtschaft ein herausragendes Erfolgsmodell geschaffen worden. Sie verbindet wirtschaftliche Stärke mit Wohlstand für breite Schichten. Die soziale Marktwirtschaft, maßgeblich geprägt durch Sozialdemokratie und Gewerkschaften, hat aus der Beteiligung und Mitbestimmung der Arbeitnehmerinnen und Arbeitnehmer eine Produktivkraft gemacht und den sozialen Frieden gefördert.“ Und an anderer Stelle: „Für uns ist der Markt ein notwendiges und anderen wirtschaftlichen Koordinierungsformen überlegenes Mittel. Der sich selbst überlassene Markt ist jedoch sozial und ökologisch blind."

Während die SPD als Antwort auf die ökologische Krise vor allem „Nachhaltigkeit" als neuen Begriff besetzt, ist bei der CDU und den Grünen ausdrücklich von der „ökologischen und sozialen Marktwirtschaft" die Rede. So heißt es etwa im Grundsatzprogramm der Grünen von 2002:

„Wir wollen unser Wirtschaftssystem zu einer ökologisch-sozialen Marktwirtschaft weiterentwickeln und damit Lebensqualität für heute und morgen sichern. Nachhaltig ist eine Marktwirtschaft, die Umweltschutz, soziale Sicherheit und wirtschaftliche Dynamik in ein Gleichgewicht bringt. Sie setzt die schöpferischen Kräfte der Menschen frei, indem sie die gleichberechtigte Teilhabe aller am wirtschaftlichen, sozialen und politischen Leben möglich macht. Und sie respektiert die Begrenztheit des Ökosystems Erde als Rahmen für wirtschaftliches Handeln."

Aber auch die CDU bezog die Schonung natürlicher Lebensgrundlagen als Aspekt der Gemeinwohlverpflichtung bereits in ihr Hamburger Programm von 1994 ausdrücklich mit ein. Darin heißt es:

„Die Leistungsgerechtigkeit des Marktes ist nicht identisch mit der sozialen Gerechtigkeit. Die Ökologische und Soziale Marktwirtschaft fügt deshalb Marktordnung und Ordnung der sozialen Leistungen zu einem ordnungspolitischen Ganzen zusammen. Dabei muss der Grundsatz gelten: So viel Markt wie möglich, um Eigeninitiative, Leistungsbereitschaft und Selbstverantwortung des einzelnen zu stärken, und so viel Staat wie nötig, um Wettbewerb und die soziale und ökologische Ordnung des Marktes zu gewährleisten."

Straßburg:
„Freiheit, Gleichheit, Brüderlichkeit“

Die Betonung der Freiheit im Wettbewerb, der Gleichberechtigung aller Beteiligten untereinander und zugleich ihrer Verpflichtung auf gemeinsame Ziele – wohl kaum zufällig scheint auf diese Weise bei allen drei Parteien eine Losung durch, die schon vor über 200 Jahren von Frankreich her bis an den Rhein gedrungen war: die Forderung nach „Freiheit, Gleichheit und Brüderlichkeit“ aus der Französischen Revolution. In Straßburg streift der Rhein französisches Territorium, die Franzosen haben ihn lange als die natürliche Grenze ihres Landes angestrebt, und kaum zufällig war es Konrad Adenauer, der Kölner, der feststellte, Paris liege ihm nicht nur geografisch näher als Berlin oder gar Moskau.

Denn auch wenn sich die Deutschen heute zuweilen selbst vorwerfen, die Gleichheit zu wichtig, die Freiheit hingegen zu unwichtig zu nehmen: Ursprünglich und inhaltlich hängt das eine mit dem anderen sehr eng zusammen. Und der Rheinische Kapitalismus will diesen Zusammenhang gestalten. Er weiß: Bei „Freiheit, Gleichheit und Brüderlichkeit“ geht es heute wie schon zu Zeiten der Französischen Revolution nicht allein um die Inhalte, sondern auch um die Reihenfolge.

Die drei Schlüsselbegriffe der modernen Menschheitsgeschichte stehen nicht etwa zufällig nebeneinander, sozusagen als Aufruf zu drei unverbundenen oder gar widersprüchlichen Zielen.

Und wohl kaum etwas wäre für den weiteren Fortgang der öffentlichen Diskussionen in Politik und Medien entscheidender, als eben dies zur Kenntnis zu nehmen: Dass, wer es ernst meint mit der politischen Freiheit, zu Gleichheit und Brüderlichkeit schwerlich nein sagen kann – und umgekehrt.

Der Zusammenhang ist dabei alles andere als schwer verständlich. Vier gedankliche Schritte braucht es nur dafür.

Gedanke Nummer eins: Frei ist zunächst derjenige, der keine willkürlichen Einschränkungen zulassen muss – sei es durch andere Personen oder Institutionen (z. B. Willkürherrschaft), sei es durch sonstige äußere Umstände (z. B. Herrschaft der Natur). Das ist die negative „Freiheit *von* etwas". Darin steckt aber schon die Idee, dass sich der Freie stattdessen eigene Gesetze geben beziehungsweise sich aus freiem Willen und aus Einsicht an allgemeine Gesetze binden kann. Das heißt: Er bestimmt selbst, ist also selbstbestimmt. Das ist die positive „Freiheit *zu* etwas". Man könnte auch sagen: Die Freiheit ist eine Ermöglicherin, nämlich die Ermöglicherin von selbstbestimmten Handlungen, die darauf zielen, eigene Wünsche und Vorstellungen zu realisieren.*

Gedanke Nummer zwei: Die politische Aufgabe des liberalen und demokratischen Verfassungsstaates ist es in erster Linie, eine solche Freiheit zu gewährleisten. Und zwar, das ist der springende Punkt, für alle seine Mitglieder ohne Ansehen von Geschlecht, Hautfarbe, Religion etc. Das heißt: Der Geltungsanspruch der Freiheit ist universell. Er gilt in gleicher Weise für alle. Würde er in unterschiedlicher Weise gelten, hätten wir es – beispielsweise – mit einer Sklavenhaltergesellschaft zu tun. Die freie Gesellschaft ist in diesem

* Jochen Ott: Übrigens schließt das auch den Wunsch ein, zu rauchen oder Alkohol zu trinken oder sich konsequent nicht-vegetarisch zu ernähren.

Sinne nur dann eine freie Gesellschaft, wenn zugleich der Grundsatz der Gleichheit realisiert ist. Er bedeutet nicht, dass es zwischen den Menschen keine Unterschiede geben soll, selbst materielle Unterschiede bei Einkommen und Vermögen sind von der Gleichheitsforderung nicht betroffen. Er besagt vielmehr, dass allen Menschen gewisse unveräußerliche Rechte, insbesondere das Recht der freien Selbstbestimmung, in gleicher Weise zustehen. Diese Universalität des Freiheitsanspruchs ist im Übrigen seit 1966 auch positives internationales Recht, festgeschrieben in den UN-Pakten über die Grundrechte.

Gedanke Nummer drei: Um diesem universalen Anspruch der Freiheit in der Praxis zu genügen, reicht es nicht aus, dass diese Freiheit nur formal innerhalb des Rechts und der Institutionen garantiert ist. Dass beispielsweise jeder Bürger ein politisches Amt bekleiden oder wählen *darf*, führt für sich genommen noch nicht dazu, dass er es auch tatsächlich *kann*, wenn er will. Dazu bedarf es einer Menge weiterer Voraussetzungen. Man muss dazu beispielsweise lesen und schreiben können, man muss gut ernährt und in ausreichend guter körperlicher Verfassung sein, man muss Zugang zu Dienstleistungen der Mobilität haben, im Falle einer Wahl angemessen sein Leben finanzieren können, sich auf den Schutz durch die Staatsgewalt verlassen können und vieles mehr – ganz so, wie es der Vorleser im Film-Auto von Ulrich Tukur angedeutet und damit den Texaner so sehr aus der Ruhe gebracht hat.

Denn das bedeutet: Gleiche Freiheitsrechte für alle kann es nur dann geben, wenn neben den formalen auch wichtige materielle Voraussetzungen erfüllt sind. Das ist die Idee der fairen (im Unterschied zur nur formalen) Chancengleichheit für alle, wobei es sich um eine sehr grundlegende Unterscheidung handelt. Denn: Formale Chancengleichheit besteht auch an der Losbude. Jeder hat die gleich hohe (bzw. geringe) Chance zu gewinnen oder zu verlieren. De facto ändert sich die Lage aber beträchtlich, wenn eine Person hundert Lose und eine andere nur zwei Lose kauft. Faire Chancengleichheit zwischen ihnen besteht nur dann und solange, wenn beide gleich viele Lose kaufen.

Gedanke Nummer vier schließlich zieht daraus die Konsequenz und schlägt den Bogen von Freiheit und Gleichheit zur Brüderlichkeit. Wenn nämlich ähnlichen Begabungen und Fähigkeiten gleiche Chancen auf tatsächliche Teilhabe (zum Beispiel an kollektiven Entscheidungen der Gesellschaft) entsprechen sollen, dann ist es erforderlich, dass soziale oder ökonomische Ungleichheiten, insofern und soweit sie einer solchen Teilhabe entgegenstehen, ausgeglichen werden. Es ist jedenfalls nicht möglich, bedeutende Einschränkungen bei der Möglichkeit zur Teilhabe moralisch zu begründen ohne zugleich die Idee der universellen und für alle gültigen Freiheitsrechte aufzugeben.

Das macht beispielsweise einen ganz überwiegend privat finanzierten Wahlkampf wie in den USA aus demokratischer Sicht höchst problematisch. Ganz offensichtlich ist dort das Maß der Freiheit zur tatsächlich möglichen Mitwirkung an der politischen Willensbildung von den verfügbaren materiellen Mitteln abhängig. Wer wenig Geld hat, *darf* sich zwar Gehör verschaffen, *kann* es aber nicht bzw. nicht in angemessener Weise. Das Beispiel zeigt: Wenn zunächst einmal alle dasselbe Recht auf Teilhabe und auch dasselbe Recht auf freie

Selbstbestimmung und die Verwirklichung ihrer Lebenspläne haben, dann ist es politisch nicht nur wünschenswert, sondern eine notwendige Forderung sozialer Gerechtigkeit („Brüderlichkeit"), dass es politische Programme gibt, die das Ziel verfolgen, bestehende Ungleichheiten auszugleichen. Im Falle der Wahlkampfkosten müsste die ökonomische Ungleichheit etwa durch die Bereitstellung kostenloser TV-Zeit für Wahlwerbespots oder die teilweise bzw. ausschließliche Wahlkampffinanzierung durch öffentliche und gerecht verteilte Mittel beseitigt oder doch gemildert werden.*

Was für den Wahlkampf gilt und die Grundlagen realer Chancengleichheit dort, das gilt auch für die vielen ähnlich gelagerten Fälle in der Gesellschaft. Immer geht es um die Realwirkung formal garantierter Grundrechte. Und um die grundlegende Schlussfolgerung des Rheinischen Kapitalismus: Dass nämlich für diese Realwirkung ein gewisses Maß an Umverteilung der in einer Gesellschaft erzielten Wertschöpfung (z. B. über das Steuersystem) ein Gebot nicht nur der sozialen Gerechtigkeit, sondern im Kern auch der bürgerlich-liberalen Freiheitsidee ist. Es geht dabei nicht um Sozialismus oder eine nicht näher spezifizierte „Umverteilungs- bzw. Regelungswut" der staatlichen Organe, so als bereite es den Politikern in Berlin, Brüssel oder anderen Hauptstädten schon an sich Freude, regulierend in das Leben der Bürger einzugreifen.

* Jochen Ott: Und übrigens ist das nicht nur ein amerikanisches Problem: Bis heute gibt es zum Beispiel auch in Deutschland keine kommunale Wahlkampfkostenerstattung. Auch bei uns müssen Kandidaten für ein öffentliches Amt in der Kommune Geld für den Wahlkampf mitbringen.

Es geht stattdessen – wenigstens in der Regel – darum, die Bedingungen dafür zu schaffen, dass das, was den Bürgern in den Verfassungen formal garantiert wird, de facto eine Chance auf Verwirklichung hat. Und das ist für die westlichen Demokratien von existentieller Bedeutung, insbesondere auf dem Gebiet der Sozialpolitik. Der Dortmunder Politikwissenschaftler Thomas Meyer hat es so formuliert: „Der demokratische Rechtsstaat ist verpflichtet, die gesellschaftliche Gesamtverfassung so einzurichten und seine laufenden politischen Entscheidungen so auszurichten, dass das unter den jeweils gegebenen wirtschaftlichen, sozialen und kulturellen Bedingungen größte Maß an Realwirkung der Grundrechte gewährleistet werden kann, das für alle Bürger möglich ist."

Wird der Staat dieser Aufgabe dauerhaft nicht gerecht, das heißt, haben die Grundrechte aufgrund etwa wachsender Armut immer weniger Realwirkung, nimmt die Demokratie selbst Schaden. Es entstehen sogenannte „defekte Demokratien", die zwar noch eine demokratische Verfassung haben, deren Wirklichkeit sich aber zunehmend von dieser Verfassung löst, etwa weil sich nur noch ein Bruchteil der Bevölkerung überhaupt an der politischen Willensbildung und Machtausübung beteiligt. Niedrige Wahlbeteiligungen wie in den USA oder auch die permanente Infragestellung des Grundrechts auf Eigentum durch Armutskriminalität etwa in Brasilien sind Beispiele für solche „defekten Demokratien".

Auch bei uns gerät die Demokratie in Gefahr, wenn die Wahlbeteiligung in manchen Stimmbezirken unter 20 Prozent rutscht. Der Kölner Stadtanzeiger etwa hat in einem spannenden Projekt zur Bundestagswahl 2013 versucht, die Wahlbeteiligung im schwächsten Kölner Stimmbezirk zu heben. Das

Ergebnis war ernüchternd und zeigte: Es braucht auch bei uns mehr als Kampagnen, um grundlegende Demokratiedefekte zu verhindern.

Loreley: Verlockung und Risiko „totaler Freiheit"

Zahlreiche Studien haben gezeigt und belegen immer wieder, dass zu solchen Defekten insbesondere jene Demokratien neigen, die den libertären Kapitalismus angelsächsischer Prägung praktizieren. Die Ursache dafür ist wohl vor allem in einem Irrtum zu suchen, der aus dem ursprünglichen liberalen Individualismus eine Art vulgär-liberaler Doktrin geformt hat. Sie geht davon aus, dass die formal garantierte Freiheit des Individuums nicht nur eine notwendige, sondern auch schon eine hinreichende Voraussetzung für die Demokratie sei. Und in der umgekehrten Folgerichtigkeit behauptet sie, dass jede Beschränkung der individuellen Freiheit automatisch die Demokratie gefährde und einen Angriff auf die Freiheit überhaupt darstelle.

Ganz offenbar bezieht sich diese Sichtweise nur auf den negativen Freiheitsbegriff und blendet die Bedingungen der Möglichkeit eines positiven Freiheitsbegriffes aus.

Diese Ansicht übersieht, dass der konsequente Individualismus einer solchen libertären Auffassung, vermittelt über das System des Wettbewerbs, zu einer immer weiter zunehmenden Differenzierung der Gesellschaften führt und dabei eine klare Tendenz zur Förderung von Ungleichheiten in den materiellen Lebensbedingungen ihrer Mitglieder zeigt.

Diese Ungleichheiten aber führen auf die Dauer zu den erwähnten Defekten und damit zur Gefährdung genau der demokratischen Ordnungen, als deren Sachwalter und Ermöglicher der Liberalismus ja ursprünglich angetreten war.

Beispiele und Belege für diese Tendenz gab und gibt es in großer Fülle. Michel Albert konstatierte im Rahmen seiner Analyse der beiden großen Kapitalismusformen, dass die neoamerikanische Variante eine ganze Reihe von demokratiegefährdenden „Symptomen“ aufweist. So zählte er 1991 für die USA beispielsweise über 20 000 Mordanschläge pro Jahr, eine mit zehn Promille erschreckend hohe Kindersterblichkeit, einen ebenso erschreckenden Anteil von 20 Prozent der Kinder, die unterhalb der Armutsgrenze lebten und vor allem: rund eine Million Gefängnisinsassen. Diese letzte Zahl ist besonders wichtig, denn wer im Gefängnis sitzt, taucht nicht in den Arbeitslosenstatistiken auf. Im weiteren Verlauf der 1990er Jahre wurde das gerne übersehen. Damals sanken die Arbeitslosenzahlen in den USA drastisch, in Deutschland aber stiegen sie ebenso drastisch an. Die Befürworter einer deregulierenden Wirtschaftspolitik zogen daraus den Schluss, die einstige soziale Überlegenheit des rheinischen Modells habe sich damit erledigt.

Etwas differenzierter stellte sich die Situation aber tatsächlich so dar: Rechnet man die inzwischen auf rund 1,5 Millionen gestiegene Zahl der Gefängnisinsassen im Jahre 1995 auf die damalige Arbeitslosenquote von „nur“ 5,6 Prozent an, so ergibt sich ein wahrer Wert von 7,5 Prozent (+1,9). In Deutschland lag die Arbeitslosenquote zum selben Zeitpunkt bei offiziell 7,1 Prozent und „bereinigt“ um die Gefängnisinsassen bei 7,4 Prozent (+ 0,3). Rechnet man alle Strafgefangenen in den Arbeitsmarkt hinein, so war die Beschäftigungsquote in Europa im Zeitraum von 1976 bis 1994 in 15 von 19 Jahren höher als in den USA.

Bis heute hat sich die Zahl der Gefängnisinsassen in den USA keinesfalls verringert. Im Gegenteil: Sie hat sich auf nunmehr 2,3 Millionen Menschen erhöht, eine Steigerung gegenüber 1991 um 130 Prozent! Auf 100 000 Einwohner kommen in den USA rund 760 Gefängnisinsassen. In Deutschland hingegen sind es bei insgesamt rund 81 000 Gefängnisinsassen „nur" etwa 98. Die Arbeitslosenquote in den USA lag Ende 2013 bei 7,7 Prozent, in Deutschland bei 6,5 Prozent.

Und auch einige der übrigen Indikatoren für den amerikanischen Weg in die „defekte Demokratie" haben sich bis heute noch nicht zum Positiven verändert. Die Kindersterblichkeit ist zwar von den dramatischen zehn Promille aus dem Jahre 1990 auf heute 6,5 Promille gesunken. Verglichen mit Deutschland aber, wo „nur" 3,8 von 1000 Kindern sterben, liegt die Rate noch immer sehr hoch.

Vor diesem Hintergrund verwundert es nicht, dass sich seit einigen Jahren sogar im amerikanischen Kapitalismus „rheinische Tendenzen" bemerkbar machen. Das prominenteste Beispiel ist das Projekt Obamacare, die Einführung einer gesetzlichen Krankenversicherung in den USA. Zwar hat sich Barack Obama die Präsidentschaft mit rheinischer Rhetorik rund um das gemeinschaftsorientierte „Yes we can" gesichert und wurde nicht zuletzt dafür gewählt, dass er den gesellschaftlichen Zusammenhalt der Amerikaner wieder stärken wollte.

Jetzt aber, da es an die konkrete politische Umsetzung geht, zeigt sich, wie grundlegend die mentalen Unterschiede von rheinischem und neo-amerikanischem Kapitalismus sind: Obwohl die Einführung der Krankenversicherung – einer Minimalsicherung nach rheinischen Maßstäben – allen Widerständen zum Trotz gelungen ist, will nun kaum jemand in die Versicherung eintreten. Weniger als eine halbe Millionen Amerikaner sind bis Ende 2013 eingetreten, geplant waren jedoch bis März 2014 sieben Millionen Neuversicherte.

Das lag zum einen an Problemen mit der Internetsoftware für das Onlineportal. Es zeigt aber auch, wie fremd den meisten Amerikanern der Grundgedanke einer solchen solidarischen Versicherung nach wie vor ist: Wozu braucht es eine Solidargemeinschaft, wenn doch – bis auf wenige Ausnahmen – jeder für sich selbst sorgen kann? Für diese Wenigen kommt die staatliche Minimal-Fürsorge auf, den Rest kann die privat organisierte Wohlfahrt regeln. Jedes weitere Tätigwerden des Staates erlebt der Durchschnittsamerikaner als eine Art Übergriff oder totalitäre Bedrohung. Selbst als „Nazi-Maßnahme“ wurde Obamas Versicherungsinitiative deshalb verunglimpft – wie auch Ulrich Tukurs Hörbuch-Lektion.

Auch in Deutschland werden immer mehr Stimmen laut, die das für die sozialen Sicherungssysteme in der Tat schwerwiegende demografische Problem zum Anlass nehmen, um eine weitgehende Privatisierung der großen Lebensrisiken zu fordern. So wie die blonde Loreley hoch oben auf ihrem Felsen die Schiffer verzauberte, so strahlte und strahlt auch das libertäre Menschen- und Gesellschaftsbild eine hohe Anziehungskraft aus: Die negative Freiheit „von“ etwas, vor allem von staatlichen Eingriffen in die auf privatem Eigentum fußende Wirtschaft, wird als so begehrenswert empfunden, dass zu ihrer Begründung und zur Abwehr von Ansprüchen aus Sicht des Gemeinwohls die immer wiederkehrende Argumentation der „unsichtbaren Hand“ angeführt wird: Der Markt selbst sorge über den Mechanismus von Angebot und Nachfrage dafür, dass die Bedürfnisse aller hinreichend befriedigt würden – nach dem Motto: Wenn jeder an sich denkt, ist an alle gedacht. Seit Ende der 1990er Jahre sind viele Jugendliche in unseren Schulen im Glauben an die Allmacht ihrer eigenen Gestaltungskraft den Verlockungen erlegen. Nach dem Motto: „Hier bin ich, und der Markt und die Welt warten auf mich. Es kommt nur auf meine Leistung an."

Aber ebenso wie die früheren Rheinschiffe an den Felsen unterhalb der Loreley zerschellten, scheitert auch dieser Ansatz regelmäßig an der Realität, zuletzt und besonders augenscheinlich im Kontext der weltweiten Finanz- und Wirtschaftskrise – von den ökologischen Folgen der globalen Wirtschaftsweise für das Gemeinwohl in Form der zunehmenden Klimabelastung ganz zu schweigen (siehe dazu Seite 166–168). Hinzu kommt: Selbst in der Theorie des libertären Modells ist von völliger Freiheit der Märkte im Sinne einer uneingeschränkten Grenzenlosigkeit nirgendwo die Rede. Von Adam Smith, dem Begründer dieser ökonomischen Denkrichtung bis hin zu Walter Eucken wird vielmehr ganz selbstverständlich vorausgesetzt, dass sich Wirtschaft immer innerhalb eines gestalteten Rahmens öffentlicher Ordnung vollzieht. Grundlegende Rechte, wie das Recht auf Eigentum oder der Vertragsfreiheit, müssen von Kräften außerhalb der Wirtschaft garantiert sein, damit diese sich in Freiheit entfalten kann. Die Wirtschaft lebt, mit anderen Worten, immer von Bedingungen, die sie selbst nicht schaffen kann.

Romantischer Rhein: Die Idee einer gerechten Gesellschaft

Adam Smith, vermeintlich der Urvater libertärer Wirtschaftsgesinnung, war eigentlich nicht Ökonom, sondern Moralphilosoph. Neben seinem berühmten Werk vom „Wohlstand der Nationen" hat er – in engem Zusammenhang damit – ein anderes geschrieben mit dem Titel „Die Theorie der ethischen Gefühle". Und das eine Buch ist ohne das andere eigentlich gar nicht zu verstehen. Beide gehören zusammen. Christopher Berry von der Universität Glasgow etwa ist überzeugt: „Die Wirtschaftstheorie in ‚Wohlstand der Nationen' setzt das Menschenbild aus der ‚Theorie der ethischen Gefühle' voraus."

Wenn Smith etwa im „Wohlstand der Nationen" von Eigeninteresse spreche, dann meine er das aufgeklärte Eigeninteresse der schottischen Kaufleute im 18. Jahrhundert, nicht den Egoismus eines modernen Gordon Gekko, der im Film Wall Street sagt: „Gier ist gut." Und auch die amerikanische Ökonomin Deirdre McCloskey – sie lehrt ausgerechnet in Chicago, von wo der marktradikale Liberalismus seit Ende der 1960er, besonders aber in den 1980er Jahren seinen akademischen Ausgang nahm – hat darauf aufmerksam gemacht, dass schon bei Smith die Freiheit der Märkte in ein vergleichsweise eng geknüpftes System moralisch fundierter Werte eingebunden ist.

Dazu gehört zwar tatsächlich auch der Eigennutz – aber eben nur als eine Zutat. „Damit der Mensch nicht dem Menschen ein Wolf wird", so berichtete im Sommer 2013 die FAZ über McCloskeys Erkenntnisse, „müssen Mäßigung, Liebe und ein Sinn für Gerechtigkeit den Eigennutz ausbalancieren.

Damit Innovationen entstehen, müssen Mut und Hoffnung hinzukommen. Damit wir neue Wege gehen können, müssen wir wissen, wo wir herkommen – wir brauchen den Glauben an eine Identität." Nur dann, argumentiert McCloskey, wirke der Markt tatsächlich wie eine unsichtbare Hand, die individuelle Entscheidungen und gemeinschaftliches Wohl in Einklang bringt.

Zur Zeit von Adam Smith sei ein solcher Zustand fast Realität gewesen – zumindest aus Smith' Sicht: „Die britischen Kaufleute", so berichtet die FAZ über die neue Smith-Deutung, „begegneten sich auf Augenhöhe, hielten in der Regel Wort und probierten neue Geschäftsideen aus. In einer solchen Gesellschaft konnte der Markt tatsächlich Gutes bewirken. Hinter dieser Erfolgsgeschichte stand aber kein Naturgesetz, sie war abhängig von historischen Umständen und glücklichen Zufällen.

Heute, so fürchtet McCloskey, drohten die Werte in westlichen Gesellschaften aus der Balance zu geraten. Der Eigennutz rücke in den Vordergrund. Denn anders als zu Smiths Zeit treiben heute nicht mehr ehrbare Kaufleute, die sich untereinander kennen, die Wirtschaft an. Eher geben durch komplexe Systemlogik anonym gelenkte Konzerne den Ton an, deren verzweigte Lieferketten sich um den ganzen Globus winden. Wer letztlich auf der anderen Seite eines Geschäfts persönlich beteiligt ist, ist oft nicht mehr klar. Kein Wunder, dass in einer solchen Wirtschaftswelt soziale Tugenden in den Hintergrund rücken. Aber nicht nur die Globalisierung verändert die Wirtschaftskultur. Es ist auch die Wirtschaftswissenschaft, die ihren Forschungsgegenstand prägt. Generationen von Managern, Betriebs- und Volkswirtschaftlern, Lehrern und Juristen haben im Studium gelernt, Egoismus sei gut, weil die unsichtbare Hand alles zum Rechten wende. Jeder Versuch, mit Ordnungen oder Regelungen den Markt zu reglementieren, sei weltfremd, verkündete etwa der Kölner Wirtschaftsprofessor und langjährige Leiter des Deutschen Instituts der Wirtschaft, Gerhard Karl Fels, in seinen Vorlesungen. Der Markt sei „wie das Wetter, da kann man auch nichts machen." Letztlich aber würde der Markt alles zum Guten regeln. Im Kern steckt dahinter eine eher kindliche Vorstellung, wobei selbst Kinder erkennen, dass Wettbewerb allein nicht zu gerechten Ergebnissen führt, es sei denn man akzeptiert das „Recht des Stärkeren". Wenn etwa zwei Kinder auf der Treppe zum ersten Stock stehen, eins unten, eins schon fast oben, und das Kind von oben ruft: „Los, wer zuerst oben ist!", dann wird das Kind am unteren Rand der Treppe schnell Einwände gegen das ungleiche Spiel erheben. Ebenso wie die zahlreichen jungen Menschen, die nach ihrer Zeit in Schule und Hochschule plötzlich bemerken mussten, dass trotz Leistungsbereitschaft und Anstrengungen die Welt und der Markt eben nicht auf sie gewartet haben, sondern ihnen stattdessen nur unbezahlte Praktika oder befristete Jobs offerierte.*

Auch Adam Smith hätte gegen solche Marktergebnisse seine Einwände gehabt: Eben weil dieser Form von Wettbewerb ein wertebasiertes Regelwerk fehlt. Nichtsdestotrotz hat die einseitige Interpretation von Smith an wichtigen Universitäten wohl auch jene Wertevorstellungen beschädigt, ohne

---

* Jochen Ott: Da hilft dann auch der kindliche Trost nicht mehr weiter, der beim Treppenspiel ja immerhin noch lauten kann: „Ich bin aber bei mir selbst erster".

die Smith zufolge eine Marktwirtschaft auf Dauer nicht funktionieren kann.

Gerade in der Welt der Wirtschaft mag das manch einer für „romantisch" halten und damit so viel meinen wie: „unrealistisch" oder „weltfremd". Aber auch hier hilft die Reise auf dem Rhein weiter, denn wo wäre die Romantik präsenter als im mittleren Rheintal? Eine Fahrt zwischen den steil aufragenden Weinbergen, vorbei an zahllosen Burgruinen, erinnert ja nicht nur an die puren Romantiker, für die der Traum von einer besseren, weil brüderlicheren Welt vor allem ein ästhetischer war. Nur in der Kunst und im künstlerischen Erleben, fanden sie, könne die Welt der Gegensätze und Widersprüche aufgehoben und überwunden werden.

Vielmehr steht die Romantik des mittleren Rheintals auch für eine aufgeklärte Romantik. Heinrich Heine, der rheinische Dichter, verfasste ja nicht nur das berühmte Loreley-Lied. Er war auch Sympathisant der 1848er-Revolution und verstand darüber hinaus mehr als seine spätromantischen Zeitgenossen von der Sprengkraft ungelöster sozialer Probleme. Deshalb schwärmte er in seinem Werk nicht nur vom blonden Haar der Loreley, sondern schrieb auch die ebenso berühmten Zeilen über die frühen Industriearbeiter seiner Zeit, die Weber: „Deutschland wir weben Dein Leichentuch, wir weben hinein den dreifachen Fluch."

Dass es bei solch revolutionärer Romantik nicht um „Gleichmacherei" ging, sondern im Gegenteil um die Einsicht, dass die Menschen in ihren Talenten und Fähigkeiten eben nicht gleich sind (oder je werden sollen), das machte schon kurze Zeit später einer von Heines Lesern klar, selbst zeitweise Wahl-Düsseldorfer und ebenso wie Heine Unterstützer des schlesischen Weberauftands von 1844: Ferdinand Lassalle, einer der Gründerväter der deutschen Sozialdemokratie, schrieb damals: „Da aber vollständige Gleichheit nicht stattfindet, noch stattfinden könne, da wir nicht als Individuen schlechtweg, sondern mit bestimmten Unterschieden des Besitzes und der Anlagen in die Welt treten, ... so sei diese sittliche Idee (der gleichen Freiheit für alle, Anm. d. Verf.) noch keine ausreichende. Denn wäre ... der Gesellschaft nichts zu garantieren als die ungehinderte Selbstbestätigung des Individuums, so müsste das in seiner Konsequenz zu einer Ausbeutung des Schwächeren durch den Stärkeren führen. Die sittliche Idee ... sei daher die, dass die ungehinderte freie Betätigung der individuellen Kräfte durch das Individuum für sich allein noch nicht ausreichend, sondern das zu ihr in einem sittlich geordneten Gemeinwesen noch hinzutreten müsse: die Solidarität der Interessen, die Gemeinsamkeit und Gegenseitigkeit der Entwicklung."

Ferdinand Lassalle formulierte damit das Verständnis von positiver Freiheit für alle, wie es jeder Form von sozial ausgerichteter Marktwirtschaft bis heute zugrunde liegt – auch dann, wenn sie weit davon entfernt ist „sozialistisch" zu sein. Selbst im völlig „unrheinischen" Amerika haben die aufgeklärten Ideen aus der Zeit der Rheinromantik ihre Spuren hinterlassen und sozusagen einen Nebenfluss des Rheins auf der anderen Seite des Atlantiks begründet: Einer der wichtigsten und einflussreichen Denker der Neuzeit, auf dessen Arbeit sich die Verfechter einer gerecht eingerichteten modernen Gesellschaft fast immer beziehen, ist der US-amerikanische Philosoph und Liberalismusforscher John Rawls.

Er tritt entschieden für den Vorrang der politischen Freiheitsrechte ein, macht aber auch klar: In einem rein fiktiven Ur-Zustand, hinter einem „Schleier der Unwissenheit“, der dafür sorgt, dass die Menschen nicht wissen, welche eigene Position sie in einer künftigen Gesellschaft haben werden, würden sie sich bei der Konzeption einer wohlgeordneten Gesellschaft, sozusagen „am Reißbrett“, auch an einem schlichten Grundsatz orientieren: Sobald es nämlich um die Kernfrage der Gerechtigkeit ginge, darum also, wie die wichtigen Grundgüter in einer Gesellschaft – bestimmte Rechte, aber auch Einkommen und Vermögen – zu verteilen seien, kämen sie wohl zu der Einsicht: „Soziale und ökonomische Ungleichheiten müssen zwei Bedingungen erfüllen: Erstens müssen sie mit Ämtern und Positionen verbunden sein, die allen unter Bedingungen fairer Chancengleichheit offen stehen und zweitens müssen sie sich zum größtmöglichen Vorteil für die am wenigsten begünstigten Gesellschaftsmitglieder auswirken.“

Das heißt: Alle anderen als gleichen Verteilungen sind nur dann und soweit moralisch zu rechtfertigen, als sie das Minimum an Einkommen, Bildung, Rechten etc. maximieren, das den Menschen am unteren Ende der Gesellschaft zur Verfügung steht. Nur dann würden wir hinter einem „Schleier der Unwissenheit“ auch einer Gesellschaft mit Ungleichheiten zustimmen: Wenn ausgeschlossen wird, dass die ohnehin am wenigsten Begünstigten von diesen Ungleichheiten weiter benachteiligt werden und umgekehrt garantiert ist, dass auch sie einen Nutzen davon haben – und zwar nicht irgendeinen „Nebennutzen“ im Sinne der Brotkrumen, die vom Tisch fallen, sondern: den höchstmöglichen Nutzen.

Diese regelrecht „rheinischen“ Gedanken von Rawls fanden und finden nicht nur in politisch liberalen Kreisen der USA Anerkennung. Auch und gerade in Europa hat die Rawls-Schule zahlreiche Anhänger. Weiter aus- und umgearbeitet wurden die Gedanken von Rawls – teilweise auch in kritischer Distanz – zum Beispiel durch den indischstämmigen Philosophen Amartya Sen und seine Kollegin Martha Nussbaum aus Chicago.

Ihnen gefällt an Rawls Ideen vereinfacht gesagt nicht, dass sie zu theoretisch sind. Sie wollen nicht nur herausfinden, was Menschen in einem erdachten Zustand der Unwissenheit tun würden, sondern was sie unter den real gegebenen Bedingungen des 21. Jahrhunderts mit seinen Gerechtigkeitsproblemen tatsächlich tun sollen, wenn sie das ethisch Richtige tun wollen. Ihre Antwort lautet: Die Menschen sollten darauf hinwirken, dass Allen in gleicher Weise die Verwirklichung bestimmter basaler „Grundbefähigungen“ ermöglicht wird.

Mit diesem sogenannten Capability-Ansatz, der auch dem Human-Development-Ansatz der Vereinten Nationen (UN) zugrunde liegt, definiert beispielsweise Martha Nussbaum zehn konkrete Vermögen, für deren Realisierung eine gerechte Gesellschaft sorgen müsste. Diese zehn Vermögen sind:

1. Leben – die Fähigkeit, ein lebenswertes Leben zu leben und nicht vorzeitig sterben zu müssen.
2. Körperliche Integrität – die Fähigkeit, sich guter Gesundheit zu erfreuen und sich ausreichend zu ernähren; die Fähigkeit, eine angemessene Unterkunft zu haben und gegen Gewalt oder sexuelle Übergriffe geschützt zu sein; die Möglichkeit zur sexuellen Befriedigung und zur Reproduktion sowie die Möglichkeit, sich an einen anderen Ort zu bewegen.

3. Gefühlserfahrung – die Fähigkeit, unnötigen Schmerz zu vermeiden und freudvolle Erlebnisse zu haben sowie ohne traumatische Erlebnisse zu leben.
4. Kognitive Fähigkeiten – die Fähigkeit, sich seiner fünf Sinne, seiner Phantasie und seiner intellektuellen Fähigkeiten zu bedienen, einschließlich des Zugangs zu Bildung und des Rechts auf die eigene Religion.
5. Vertrauen – die Fähigkeit zur Bindung an Dinge oder Personen, zu Liebe, Trauer, Dankbarkeit oder Sehnsucht.
6. Vorstellung des Guten – die Fähigkeit, eine Auffassung des Guten und eines guten Lebens zu entwickeln, das eigene Leben zu planen und kritisch zu reflektieren.
7. Sozialität – die Fähigkeit zur sozialen Interaktion, sich mit anderen zu identifizieren und das Gefühl, die Achtung anderer zu haben (Schutz vor Diskriminierung, Gerechtigkeitssinn, Freundschaft).
8. Ökologische Verbundenheit – die Fähigkeit zur Anteilnahme für und in Beziehung zu Tieren, Pflanzen und zur Welt der Natur zu leben.
9. Freizeitgestaltung – die Fähigkeit, zu lachen, zu spielen und erholsame Tätigkeiten zu genießen.
10. Vereinzelung – die Fähigkeit, das eigene Leben und nicht das von jemand anderem zu leben (Autonomie) – sowie „Starke Vereinzelung“ – die Fähigkeit, auf seinen sozialen Kontext (politisch) Einfluss zu nehmen (Bürgerrechte, Redefreiheit, Versammlungsfreiheit, Schutz vor staatlicher Willkür), durch eigene Leistung sein Leben zu gestalten (Recht auf Arbeit) und über das Geschaffene verfügen zu können (Eigentumsrechte).

Heiliges Köln: Christliche Quellen im „Jammertal“

Wer mit diesen Grundsätzen im Gepäck das romantische Rheintal hinter sich lässt und schließlich Bonn erreicht, der wird sich vielleicht fragen, wie es sein konnte, dass ausgerechnet in diesem eher unauffälligen Städtchen am Rhein mit dem Grundgesetz bereits 1949, ein rundes halbes Jahrhundert vor den modernen amerikanischen Gerechtigkeitsdenkern, ein Verfassungswerk in durchaus verwandtem Geist entstand: mit dem Anspruch, im eigenen Geltungsbereich für alle Menschen ein Leben in Würde, Freiheit und Wohlstand zu garantieren – ganz ohne die Kenntnis von Rawls oder gar Martha Nussbaums Katalog der Grundbefähigungen. Aber doch mit einer Haltung des Rheinischen Kapitalismus, die vieles von dem vorwegnahm und vorprägte, was einige Jahrzehnte später auf der anderen Seite des Atlantiks ausbuchstabiert wurde.

Ganz sicher hatte das auch damit zu tun, dass immer dort, wo ein Fluss fließt, der Handel floriert. Und dass dort, wo der Handel floriert, auch die Städte florieren und schon bald ein selbstbewusstes Bürgertum hervorbringen. Städte wie Köln sind deshalb nicht nur geografische Punkte, sie sind immer auch Programm. Köln war im Mittelalter Hansestadt, genau wie Lübeck oder Hamburg. Ein Stadtstaat, in dem die Bürger ihren Gestaltungsanspruch gegen traditionelle Obrigkeiten aus Königshaus, Adel und Klerus durchsetzten und das Gemeinwesen selbst verwalteten. Wie an Elbe und Trave galt auch am Rhein: Politik machen dort wertschaffende Bürger, denen zugleich daran gelegen sein muss, dass das „Ganze“ gelingt und für die deshalb das Politische vom Wirtschaftlichen gar nicht zu trennen ist. Keinem darf es auf Dauer so schlecht gehen, dass dadurch der Bestand und die positive Entwicklung der Verhältnisse gefährdet werden, denn die will man schließlich auf lange Sicht für die eigenen Nachfahren bewahren.

Schon aus dieser konservativen Quelle speist sich in Städten wie Köln ein kommunitarischer Geist, der mehr im Sinn hat als die Maximierung von Einzelinteressen. Dieser Geist wird ergänzt und getragen durch ethische Grundsätze des christlichen, in Köln vor allem des katholischen, Glaubens. Die Doppelspitze des Doms in Köln, nur wenige Kilometer hinter Bonn, erinnert daran: Die gesamte Idee der persönlichen Würde und Freiheitsrechte des Einzelnen ebenso wie die Idee der Brüderlichkeit wären undenkbar ohne den Einfluss der jüdisch-christlichen Religionsüberlieferung.

Von der Schöpfungsgeschichte bis zur Bergpredigt zieht sich die unbedingte Priorität für Förderung und Schutz des Lebens vor allen anderen Ansprüchen. Insbesondere die Haltung des Menschen gegenüber der Ökonomie wurde über Theorie und Praxis des Glaubens in Jahrhunderten geformt.

Das „rheinische" Prinzip ist dabei nicht nur aus den sozusagen „theoretischen" Anforderungen der biblischen Morallehre, sondern sehr stark auch aus der Lebenswirklichkeit des katholischen Mittelalters in Europa entstanden, wo man salopp gesagt arbeitete, um zu leben, nicht umgekehrt. Jahrhundertelang war es für die Menschen sogar nur darum gegangen, das pure Über-Leben zu sichern. An die Anhäufung von Überschüssen war in vorindustrieller Zeit gar nicht zu denken, vor allem aber galt sie auch gar nicht als erstrebenswert. Das irdische Dasein wurde als Jammertal betrachtet, ein notwendiges Durchgangsstadium auf dem Weg zum ewigen Leben, auf dessen üppige Ausgestaltung man seine knappen Kräfte besser nicht allzu sehr verschwendete. Die Anhäufung von überflüssigem Luxus, gar die Erzielung von Kapitalgewinnen durch Zinserhebung, galten als Sünde.

Wer heute die nach wie vor katholischen Gegenden Europas bereist – sei es im romanischen Süden oder auch „rheinisch“ katholisch geprägte Landstriche in Deutschland, in Belgien oder in den Niederlanden, der kann sich manchmal des Eindrucks nicht erwehren, dass diese etwas fatalistische Jammertal-Ideologie noch immer nachwirkt: Die (manchmal pittoresk) vor sich hin gammelnde Architektur und Infrastruktur südeuropäischer Metropolen ist Legende, aber auch der Kölner Dom will einfach nicht fertig werden – ganz zu schweigen von den zahllosen „Nachlässigkeiten“, die die Domstadt ansonsten seit jeher auszeichnen: verkachelte Hausfassaden, ehemals weiß, die sich seit einem halben Jahrhundert selbstzufrieden in eine täglich wachsende Schicht aus Staub und Abgaspartikel hüllen; überquellende Müllbehälter in der Grünanlage oder menschenleer vergraute Straßenkreuzungen, die beharrlich weiterhin als „Platz“ bezeichnet werden. Auch im belgischen Brüssel beginnt außerhalb der herausgeputzten Altstadt sehr schnell der Dschungel, und im katholischen Maastricht liegt an den Straßenrändern wahrscheinlich mehr Müll als im gesamten reinlichen Rest des Landes.

Genau das ist bezeichnend: Die Demarkationslinie des Schlendrians, wohlwollend könnte man auch von Lässigkeit sprechen, verläuft (nicht nur in den Niederlanden) zwischen vorwiegend katholisch und vorwiegend protestantisch geprägten Gegenden. Denn erst mit dem Aufkommen der protestantischen Reformbewegungen in Europa hatte die allgemeine Geringschätzung des Diesseits ein Ende. Insbesondere der Calvinismus rückte – ausgehend von der Schweiz – das Hier und Jetzt in ein völlig neues Licht: Tüchtige und einträgliche Arbeit auf Erden verknüpfte sich mit jenseitiger Belohnung. Zwar ist Gott auch in dieser Spielart christlicher Theologie nicht käuflich. Die besten Plätze im Himmelreich gehen nicht automatisch an die Reichen. Wohl aber wird ein arbeitsames und von wirtschaftlichem Erfolg gekröntes Erdenleben als Indikator dafür betrachtet, dass Gott es gut meint mit dem betreffenden Menschen und – wahrscheinlich – seiner gnädig ist. Das wiederum zeichnet ihn aus, denn nur die Besten erhebt der Herr in diesen „Stand der Gnade".

Der deutsche Soziologe Max Weber hat gezeigt, wie förderlich diese protestantische Ethik der Entwicklung der kapitalistischen Wirtschaftsform war. Und tatsächlich hat sie sich umso konsequenter entwickelt, je „protestantischer" die Akteure waren. Insbesondere in den Vereinigten Staaten fanden die in Europa verfolgten Anhänger radikal-reformerischer Strömungen eine neue Wirkungsstätte. Calvinisten und Pietisten, deren Programmatik nicht nur Katholiken oder Anglikanern zu weit ging, sondern die selbst in ihren reformierten Milieus keine Heimat mehr fanden, wanderten zu Tausenden aus ins „gelobte Land" jenseits des Atlantiks. Ihre Nachfahren bilden heute den harten Kern der Tea-Party-Bewegung.

Ungeachtet jedoch dieser tiefgreifenden Unterschiede zwischen katholischer und protestantischer Geisteskultur zählt Michel Albert beide Traditionen zu den Urhebern des „rheinischen" Kapitalismus. Mit dem Blick auf die Gegenwart grenzt er ihn sogar vom „romanischen" Kapitalismus ab, der das katholischere Erbe weiterführt. Denn dort stellt nach wie vor die Familie die zentrale Bezugsgröße dar. Dem rein rational-weltlichen Konstrukt des Staates mit seinen Forderungen begegnet man dort eher mit Skepsis.*

Insofern ist es wichtig festzuhalten, dass der Rheinische Kapitalismus, wie ihn Albert definiert hat, nicht identisch ist mit „katholischem" Kapitalismus, wenngleich er ohne die katholisch geprägte Tradition des europäischen Kontinents undenkbar wäre. Typisch ist für den Rheinischen Kapitalismus vielmehr auch eine Leistungsfähigkeit und sehr irdische Zielgerichtetheit, die wiederum ohne die protestantische Leistungsethik nicht vorstellbar wäre. Auch hier schafft der Rheinische Kapitalismus eine Art von Synthese: Er verbindet die Wertschätzung des Einzelnen, wie sie in der Gewissensethik des Protestantismus zum Ausdruck kommt, scheinbar mühelos mit dem behütenden Kollektivismus, der in der katholischen Vorstellung von der „Mutter Kirche" so eine herausragende Rolle spielt.

Denn wo sich der Gläubige bei seiner Gottsuche im Katholizismus dem unfehlbaren Ratschluss seiner Kirche anschließen soll (und darf), da darf (und muss) er in den reformierten Spielarten des Glaubens seine Dinge allein und unmittelbar mit Gott ausmachen, angeleitet nur durch die Heilige Schrift. Der rheinische Kapitalist darf und soll im weltlichen Bereich beides: individuell streben und kollektiv genießen. Die Früchte seiner persönlichen Mühe fallen nicht nur ihm selbst, sondern

---

* Peter Sprong: Italiener oder Spanier folgen weit eher dem Aufruf der eigenen Mutter als dem Aufruf des Finanzamtes, ihrer Steuerpflicht nachzukommen.

auch anderen zu. Umgekehrt kann er auf den Beistand der anderen hoffen, sollte er selbst einmal keine Früchte (mehr) ernten können.* Das ist der grundlegende Gedanke der Solidargemeinschaft, die den Rheinischen Kapitalismus prägt.

Ausschlaggebend für diese Prägung war die zunächst im katholischen Milieu entwickelte Christliche Soziallehre: Als religiös fundierte Gegenposition zu den sozialistisch und damit atheistisch orientierten Gesellschaftstheorien ist sie Ende des 19. Jahrhunderts als Antwort auf die zugespitzte, prekäre Lebenssituation der Industriearbeiter entstanden. Deren Lebenslage galt als nicht vereinbar mit dem Postulat der unantastbaren Menschenwürde, von dem die Christliche Soziallehre ihren Ausgang nimmt.

Um die Situation zu verbessern, setzt sie auf das Prinzip der Solidarität, begründet in der Idee vom Menschen als sozialem Wesen, sowie auf das Prinzip der Subsidiarität, wodurch sie sich von sozialistischen Entwürfen deutlich unterscheidet. Denn während dort ein Idealzustand angestrebt wird, bei dem nach Abschaffung des Privateigentums die Gesellschaft kollektiv, und damit de facto der Staat, das Wohlergehen aller garantieren soll, setzt das Subsidiaritätsprinzip auf solidarische Hilfe zur Selbsthilfe. Sie setzt in der jeweils kleinstmöglichen gesellschaftlichen Einheit an, also zunächst in der Familie, dann in einzelnen Institutionen, in der Gemeinde und erst letztinstanzlich auf der Ebene des Staates. Auf diese Weise soll die Gesellschaft den Sozialprinzipien des Gemein-

---

* Jochen Ott: Überhaupt sollte, ganz katholisch, gelten: Öfter mal feiern und genießen! Die zu enge Fokussierung auf den Leistungsgedanken sorgt oftmals für seelische Leiden, die vermeidbar wären. Deshalb ist das Rheinland auch Karnevalshochburg!

wohls und der Nachhaltigkeit soweit wie möglich angenähert und im Sinne einer „vernünftigen sozialen Ordnung" (ordo socialis) gestaltet werden.

Wo alles mündet: Rheinland goes global

In der Betonung dieser Ordnung freilich liegt – noch lange vor allen Auseinandersetzungen über das richtige Maß und die angemessene Balance von Staat und Wirtschaft – eine klare Festlegung zur Priorisierung der beiden Ebenen. In keiner Spielart des ordoliberalen Denkens nämlich ist die Wirtschaft ein Zweck an sich. Ihr kommt immer eine dienende Funktion als Mittel zu, das Zusammenleben der Menschen, sprich: ihre soziale Realität, bestmöglich einzurichten. Nicht die Regeln des Zusammenlebens haben sich nach den Bedürfnissen der Wirtschaft zu richten, sondern umgekehrt – ein Grundgedanke der sozialen Marktwirtschaft. Er wird heute insbesondere von jenen gerne ins Gegenteil verkehrt, die den Anspruch erheben, die soziale Marktwirtschaft „neu" entdeckt zu haben.

„Neu" ist dabei aber allenfalls die irrige Annahme, dass es die Industrie am Niederrhein von Leverkusen über Duisburg bis nach Rotterdam in ihrer heutigen Form noch gäbe, wenn nicht ein halbes Jahrhundert Rheinischer Kapitalismus dafür das Fundament gelegt hätte. Freilich: Nicht weit hinter der deutsch-niederländischen Grenze verzweigt sich nach fast 1000 Kilometern der mächtige Fluss. Aus dem einen großen Rhein werden die Nordsee-Zuflüsse Wal, Lek und Nederrhijn. Und auch vom Rheinischen Kapitalismus werden jetzt und in Zukunft mehrere Spielarten existieren. So wie der Rhein auf mehr als einem Weg in die Nordsee und in Europas größten Überseehafen Rotterdam gelangt, so werden auch die europäischen Volkswirtschaften auf je verschiedenen Wegen die Herausforderungen der Globalisierung zu bewältigen haben. Aber sie haben sich – im Lissabon-Vertrag von 2009 – auch ausdrücklich auf die soziale Marktwirtschaft als verbindliches Leitmodell geeinigt.

Die heute richtigen und zeitgemäßen Antworten auf Tempo, Technologie und wachsenden weltweiten Wettbewerbsdruck sowie auf Klimaveränderung und Ressourcenknappheit sind durch den dichten Zigarrennebel der Erhardschen Wirtschaftswunderwelt dabei nicht leicht auszumachen. Aber auch wer den Blick nach vorne richtet, tut gut daran, nicht zu vergessen, auf wessen Schultern er steht. Oder anders ausgedrückt: Zwar steigt niemand zwei Mal in denselben Fluss. „Alles fließt", und Veränderung ist die einzige Konstante, da hatte Heraklit schon Recht. Richtig ist aber auch: Die Richtung bleibt. Ihr sollten wir folgen: in Politik, Wirtschaft und Gesellschaft, denn: Alle sitzen im selben Boot.

Sieger erkennt man am Start. Verlierer auch. Politische Grundsätze im Rheinischen Kapitalismus

Kleine Kinder interessieren sich für große Dinge, auch im Sport. Die Formel 1 zum Beispiel übt große Anziehungskraft vor allem auf Jungs, aber auch auf manche Mädchen im Grundschulalter aus. Eines von ihnen wunderte sich allerdings kürzlich gegenüber seinem Lehrer über das Reglement: „Sagen Sie, wieso darf eigentlich der schnellste Fahrer als erster starten? Das ist doch voll ungerecht. Eigentlich müsste doch der Langsamste vorne stehen."

Um die Verwunderung der Grundschülerin nachvollziehen zu können, müssen wohl die meisten Erwachsenen erst einen Moment lang nachdenken. So sehr sind wir es mittlerweile gewohnt, dass die besten Startplätze an die besten Kandidaten vergeben werden, dass wir das Verfahren eigentlich für gerecht halten. Und tatsächlich folgt es ja auch einer bestimmten Idee der Gerechtigkeit, nämlich der Leistungsgerechtigkeit: „Das Glück ist mit den Tüchtigen."

Aber ist das wirklich die einzig mögliche und vor allem die einzig gerechte Form, einen Wettbewerb zu regulieren? Beim Pferderennen zum Beispiel starten alle Pferde und Jockeys aus derselben Position. Und: Um Chancengleichheit herzustellen, werden die Sättel der Jockeys mit Hilfe von Gewichten so justiert, dass die Tragelasten für alle Pferde im Verhältnis zu ihrer Tragkraft gleich sind. Das bedeutet: Gerade diejenigen, die ansonsten (durch geringeres Gewicht) im Vorteil wären, müssen eine zusätzliche Erschwernis in Kauf nehmen, um wieder Chancengleichheit zu schaffen. Das zeigt: Man kann einen Wettbewerb so oder so gestalten. Die Regeln machen den Unterschied. Und sie sind der „Ort", an dem über das Gerechtigkeitsverständnis entschieden wird. Sie prägen damit auch das Gerechtigkeitsverständnis aller Teilnehmer.

Im „richtigen" Leben ist dieser „Ort der Regelsetzung" die Politik – und zwar, in unserem Land, der demokratisch legitimierten Politik. Die Wähler entscheiden sich bei einer Wahl für eine Partei und damit für eine bestimmte Auffassung von Gerechtigkeit. Die gewählten Politiker sind von ihnen legitimiert und beauftragt, das Regelwerk der Gesellschaft, und ganz besonders auch das für die Wirtschaft, nach jenen Gerechtigkeitsgrundsätzen einzurichten, für die sie zuvor bei den Wählern geworben haben. Daraus leitet sich in einem demokratischen Staatswesen das Primat der Politik ab: Keine andere Legitimation kann die Entscheidung des Volkssouveräns übertreffen.*

Insofern ist es zunächst kein Anzeichen von „Regelungswut", wenn die Politik Regeln für die Wirtschaft aufstellt. Es ist ihre Aufgabe. Ganz im Sinne der ordoliberalen Ordnungspolitik und des Rheinischen Kapitalismus muss sie die Spielregeln für den Wettbewerb festlegen. Die Frage ist nur: Wie viele Regeln werden gebraucht? Was muss geregelt werden und was nicht?

---

* Jochen Ott: Das gilt im Übrigen auch für Verwaltungsbeamten. Auch sie handeln de facto noch viel zu häufig nach dem Motto: „Mir doch egal, wer unter mir Minister oder gewählter Abgeordneter ist."

Und wie detailgenau müssen die Dinge geregelt werden? In der Tat ist das Regelwerk nach 65 Jahren Demokratie oft sehr komplex und nicht selten auch verworren geworden.

Trotzdem oder gerade deshalb ist keine dieser Fragen ein für alle mal zu beantworten. Die Antworten sind vielmehr immer wieder Gegenstand von Diskussion, Entscheidung und Revision. Richtig ist: Auch der Rheinische Kapitalismus will, wenn möglich, eher weniger als mehr Regeln. Allerdings: Die „richtige" Menge der Regeln kann nicht mit der Waage ermittelt werden. Es kommt darauf an, was die Regeln leisten. Davon hängt ab, wie viele und welche Regeln notwendig sind, um zu einem möglichst gerechten Ergebnis zu kommen. Und gerecht ist im liberalen Verfassungsstaat, anders als in der Formel 1, ein Ergebnis, das faire Chancengleichheit für alle schafft (siehe dazu Seite 43–48).

Die eigenen vier Wände: Ein handelbares Gut?

Wie weit wir davon in der Praxis häufig entfernt sind, zeigt, mehr noch als die Beispiele aus der „großen" Politik, manch ein Thema aus der Kommunalpolitik. Ganz konkret entscheidet sich hier, welche Güter in einer Gesellschaft als Handelsgüter gelten und welche nicht – und welche Folgen das jeweils hat. Zum Beispiel beim Wohnraum: Wie überall in Deutschland gilt er zum Beispiel auch in Köln als „gemischtes Gut". Das heißt: Ein Teil der Wohnungen wird analog zu anderen freien Gütern, wie Fernsehern oder Autos, auf dem privaten Markt gehandelt. Ein anderer Teil der Wohnungen aber wird mindestens zum Teil aus öffentlichen Mitteln finanziert, aus Kreditmitteln der NRW Bank etwa, in die das Wohnungsbaufördervermögen des Landes NRW überführt wurde, das seit Jahrzehnten verbilligte Kredite für geförderte Wohnungen ausschüttet, manchmal auch mit Direktförderung, also mit Haushaltsmitteln und damit aus Steuergeldern. In Köln liegt der Anteil solcher öffentlich geförderten Wohnungen heute bei rund 7,5 Prozent.

Dieser Anteil ist seit Ende der 1990er Jahre kontinuierlich gesunken. Damals waren noch weit über 20 Prozent der Wohnungen gefördert. Nach dem Regierungswechsel in Köln wurde der geförderte Wohnungsbau für beendet erklärt. Er war aus Sicht des neuen Stadtentwicklungsdezernenten schlicht nicht mehr notwendig. Das Wohnungsbauprogramm 2000, in dessen Verlauf seit 1990 jährlich mehrere tausend Wohnungen entstanden waren, wurde nicht fortgeführt. Da für die geförderten Wohnungen der 1970er und 1980er Jahre gleichzeitig Jahr für Jahr die Förderung auslief, reduzierte sich die Anzahl der geförderten Wohnungen insgesamt rasant.

Und das hieß: Die Mieten stiegen. Zum einen die Mieten für die bisher geförderten Wohnungen, aber auch die Mieten für die frei finanzierten Wohnungen. Denn: Wenn die Förderbindung ausläuft, darf der Vermieter die gesetzlich möglichen Mieterhöhungen realisieren. Damit steigt der Mietpreisspiegel insgesamt und alle Wohnungen werden nach und nach teurer – die Folge einer Auffassung, bei der Wohnraum als handelbares und nicht als öffentliches Gut definiert wird. Die Korrektur einer solchen Entwicklung im Nachhinein ist mühsam – insbesondere in Niedrigzinsphasen, in denen öffentliche Kreditförderung kaum Anreize bieten kann. Nichtsdestotrotz gibt sich die Politik Mühe – etwa durch die Einführung einer Kappungsgrenzen-Verordnung. Das heißt: Die Mieten dürfen nach Auslauf der Förderung eben nicht direkt bis ans Maximum erhöht werden.

Die wichtigste kommunale Versicherung gegen allzu starke Mietsteigerungen in Köln war in den 1990er Jahren die kommunale Wohnungsbaugesellschaft.* Die Privatisierung ihrer Wohnungsbestände durch den Verkauf an einen Finanzinvestor (neudeutsch: „Heuschrecke") scheiterte vor rund zehn Jahren zweimal im Rat, nachdem auch ein Bürgerbegehren, das für ungültig erklärt wurde, über 40 000 Unterschriften gegen den Verkauf gesammelt hatte. DGB, Mieterverein, SPD, Grüne und engagierte Bürger kämpften vereint, die Entscheidung brachten allerdings völlig überraschend zwei CDU-Abweichler, die zweimal in geheimer Ratsabstimmung gegen den Verkauf stimmten und denen von berufener

---

* Neben der im Jahre 1913 durch private und städtische Kapitalbeteiligung gegründeten „Gemeinnützigen Aktiengesellschaft für Wohnungsbau zu Cöln" entstand 1936 die rein städtische Wohnungsbaugesellschaft „Grund und Boden GmbH" (Ursprünglich gegründet von den Nationalsozialisten, um das „germanische Groß-Köln" zu planen und bauen). Im Rahmen des Entbunkerungsprogramms des langjährigen Kölner OB Theo Burauen („Weiterbauen mit Burauen") errichtete und betreute die Grubo tausende von Wohnungen. In den 1990ern wurden, nach dem Verlust der Gemeinnützigkeit der Wohnungsgesellschaften in Deutschland, die beiden Gesellschaften fusioniert, beziehungsweise die Grubo im Rahmen von Haushaltskonsolidierungen in den GAG Konzern aufgenommen. Heute gibt es nach außen nur noch eine GAG Immobilien AG, wenngleich die Grubo formalrechtlich als gemeinsame Tochter der Stadt und der GAG weiter existiert.

Seite daraufhin für den späteren Aufenthalt im Himmel Flügel versprochen wurden.*

Damals sollte die kommunale Wohnungsbaugesellschaft für 420 Millionen Euro den Besitzer wechseln. Heute ist das Unternehmen, das der Stadt zu etwa 90 Prozent gehört, rund vier Milliarden Euro wert – selbst nach Abzug der Wohnungsbaudarlehen noch fünfmal so viel, wie damals geboten wurde –, das Vermögen wäre also für immer verloren gewesen. Nicht zu vergessen die 100 Millionen Euro, die die Aktiengesellschaft in den zurückliegenden Jahren an ihren Hauptaktionär, die Stadt Köln, als Dividende ausgeschüttet hat; ganz zu schweigen außerdem von dem Wert, den Neubauten und Modernisierungen darstellen, weil mit deren Hilfe neue lebenswerte Quartiere entstanden sind.

Und auch, wenn die Rechtsform der Aktiengesellschaft im Mehrheitsbesitz der Stadt vielleicht nicht für alle Zukunft das richtige Modell sein sollte, so gilt für die Vergangenheit doch: Eine Abwendung von diesem Modell und erst recht der Verkauf der städtischen Wohnungen hätte zur Sanierung des städtischen Haushalts niemals getaugt, auch wenn Vertreter der IHK und des Instituts der deutschen Wirtschaft, unterstützt von Kölner Medien, dies immer wieder propagierten – ganz abgesehen von den sozialen Folgekosten, denn schließ-

---

* Jochen Ott und Peter Sprong: Unser Co-Autor wollte hier ausdrücklich nicht namentlich verantwortlich gemacht werden. Der Kölner Ratsherr Martin Börschel wollte wissen, wie es eigentlich um die Himmelsplätze der sozialdemokratischen Abgeordneten bestellt sei, die ja ohnehin gegen den Verkauf gestimmt haben. Man muss ja wohl nicht erst abtrünnig in der CDU sein, um in den Himmel zu kommen. Aufrichtig in der SPD reicht auch schon!

lich wohnten in den 42 000 Wohnungen rund zehn Prozent der Kölner Bevölkerung. Und: Die Stabilität des Mietspiegels, die durch 42 000 Wohnungen nachhaltig spürbar ist, wäre schon vor zehn Jahren verloren gegangen.

Dass ein Großteil der Wohnungen im öffentlichen Besitz geblieben ist, kommt heute 50 Prozent der Kölnerinnen und Kölner direkt zugute, denn jeder zweite Bürger der Stadt hat einen Wohnberechtigungsschein und damit Anrecht auf eine Wohnung mit günstigem Mietzins. Schließlich liegen die Mieten auf dem privaten Markt im Schnitt um 50 Prozent über den Durchschnittsmieten der öffentlich geförderten Wohnungen. Trotzdem herrscht Not auf dem Wohnungsmarkt. Denn die Nachfrage steigt ständig. Das gilt für die Städte der Rheinschiene in besonderer Weise, denn sie zählen zu den Demografie-Gewinnern in Deutschland. Die Statistiken rechnen allein für Köln mit einem Bevölkerungszuwachs von 50 000 bis 100 000 Einwohnern bis zum Jahr 2030. Das knappe Gut Wohnen wird also immer knapper und damit immer teurer. Immer mehr Menschen müssen immer mehr Geld für das Grundbedürfnis Wohnen ausgeben. Bereits Normalverdiener geraten extrem unter Druck.

Um hier Entlastung zu schaffen, hat der Rat der Stadt Köln Ende 2013 eine Fülle von Beschlüssen erlassen und Verabredungen getroffen, mit denen nun die öffentliche Hand dem Wohnungsmarkt auf die Sprünge helfen will. In erster Linie zählen dazu ein kooperatives Baulandmodell, mit dessen Hilfe bestimmte Quoten für geförderten Wohnungsbau festgeschrieben werden sollen, sowie eine Milieuschutzsatzung. Sie soll den Erhalt von Quartieren mindestens so lange sicher stellen, bis neue Flächen für neue Wohnungen bereit stehen und die Förderbedingungen für Investoren verbessert werden.

Das aber gestaltet sich in der aktuellen Marktlage schwie-rig. Zum einen, weil die Nutzung von Flächen umstritten ist. Gewerkschaften, Industrie und Handel plädieren für die Ansiedlung oder Ausweitung von Gewerbe und Industrie, um Arbeitsplätze zu sichern. Bürger- und Anwohnerinitiati-ven werben für mehr Grün und Lebensqualität, Architekten und Denkmalpfleger warnen vor zu hohen Wohngebäuden wegen der Stadtgestaltung. Sport, Kultur, autonome Zent-ren, Schulen: Alle wollen und brauchen Platz. Zum anderen verdrängen in den sogenannten In-Vierteln oft zahlungskräf-tige Neu-Bürger die Alteingesessenen. Eine solche Gentrifi-zierung ganzer Quartiere, bei der Angehörige einer wohlha-benderen Gesellschaftsschicht die Ärmeren verdrängen, hat enorme Auswirkungen auf den Mietspiegel. Eine Studentin im Agnesviertel in der Innenstadt etwa übernahm 2009 die Woh-nung des Vormieters, der pro Quadratmeter 9,80 Euro zahlte, für 11,80 Euro. Beim Auszug im Sommer 2013 zahlte ihr Nach-mieter 13,80 Euro.

Der Kölner Soziologieprofessor Jürgen Friedrich hat zudem in einer Studie über die Entwicklung in ausgewählten städ-tischen Quartieren nachgewiesen, dass derartige Prozesse durch die Umwandlung von frei finanzierten sowie ehemals öffentlichen Mietwohnungen in Eigentumswohnungen wei-ter befördert werden. In Teilen der Innenstadt ist dementspre-chend die Gentrifizierung weit fortgeschritten und unter sozia-len Gesichtspunkten zu bedauern. In anderen Vierteln wiede-rum wäre sie zu begrüßen, weil auf diese Weise der komplette Absturz eines Veedels zu verhindern wäre. Das allerdings lässt sich nur schwer bewerkstelligen, wie insbesondere das Wohnverhalten der studentischen Milieus zeigt. Studierende und Lehrende der Kölner Hochschulen setzen sich eher für den Neubau und die Subventionierung von Wohnungen ein, die möglichst nah bei den Hochschulen liegen. In die sogenannten Problemviertel hingegen wollen auch sie nicht ziehen. Das ist zwar wenig „rheinisch" gedacht, weil auf diese Weise bestimmte Viertel von vornherein recht chancenlos sind, aber es prägt dennoch die rheinische Wirklichkeit. Zum Beispiel im sozialen Brennpunkt-Stadtteil Chorweiler. Dort sind von über 5500 Wohnungen mehr als 1700 in stark sanierungsbedürftigem Zustand, 1200 stehen unter Zwangsverwaltung, weil der Vermieter zwischenzeitlich insolvent ist, und fast 600 befinden sich in der Hand internationaler Finanzinvestoren.

Die Realität vor Ort stellt sich entsprechend traurig dar: Schimmelbildung, defekte Lüftungen, nicht funktionsfähige Heizungen – die Mängelliste ist lang und sie zu beheben nahezu unbezahlbar. Neue Investoren, die die herunter gewirtschafteten Wohnanlagen kaufen würden, sind weit und breit nicht in Sicht, weil in der Zwischenzeit neben den Altschulden, die auf den Objekten lasten, ein solch hoher Investitionsbedarf aufgelaufen ist, dass ein Kauf der Wohnungen de facto kaum noch wirtschaftlich darstellbar ist. Das heißt also: Der Markt hat sich selbst ad absurdum geführt, und sein Versagen führt zwangsläufig zum Burn-out eines ganzen Stadtteils.

Dabei ist Chorweiler eigentlich ein schöner Stadtteil mit viel Grün und Wasser und mit dem besten Blick auf das Kölner Stadtpanorama. Auch hier sind viele engagierte Leute unterwegs und Kölner Nachwuchs-Architekten haben in ihren Masterarbeiten aufgezeigt, wie man Chorweiler mit etwas Geduld wieder nach vorne bringen kann. Aber dazu ist der Markt allein sicher nicht in der Lage. Erst wenn das Quartier rheinisch angegangen wird, wenn investiert wird, kann es einen neue Dynamik und neues Selbstbewusstsein vor Ort geben.

Bis dahin verschlimmert sich die soziale Situation in dem betroffenen Stadtteil zusehends, die Ghetto-Bildung schreitet voran: Bis zu 80 Prozent der Stadtteilbevölkerung haben einen Migrationshintergrund, die Folgen der Armut sind auf Schritt und Tritt gegenwärtig: Vandalismus-Schäden, Drogenmissbrauch, Diebstähle etc. Am Ende der Entwicklung steht eine verfallene Hochhaus-Geisterstadt, in der niemand mehr wohnen will und wo nur die bleiben, deren Not keinen anderen Ausweg lässt.

Schon gar nicht ist ein solcher Ausweg in Richtung der „besseren" Viertel der Stadt in Sicht. Denn während im Norden das Ghetto der Armen wächst, sichern wohlhabende Bürger „ihre" Gebiete im Süden und Westen ab. Der Haus- und Grundbesitzerverein etwa argumentiert, dass öffentlich geförderter Wohnungsbau oder gar die Ansiedlung von Flüchtlingsheimen in den „besseren Wohngegenden" zur Abschreckung von Investoren führen können und deshalb abzulehnen sei. Dass dabei ausgerechnet ein Enkel des Rheinischen Kapitalisten Konrad Adenauer, Träger des selben Vor- und Nachnamens, argumentiert, „Bewohner von gefördertem Wohnungsbau" würden sich in den wohlhabenderen Stadtteilen „ohnehin deklassiert vorkommen", mutet wie ein zynischer Witz der Geschichte an. Ganz offenbar halten es Teile des städtischen Bürgertums nicht für notwendig, ihren Teil dazu beizutragen, dass der im kooperativen Baulandmodell der Stadt verbindlich festgelegte Mindestanteil von 30 Prozent gefördertem Wohnraum an neu geschaffenem Wohnraum tatsächlich entsteht. Dies soll dazu beitragen, dass soziale Gleichgewicht nicht so vollständig aus dem Lot gerät, wie sich dies im Kölner Norden bereits abzeichnet.

Retten können die Situation dort nach Lage der Dinge nur Interventionen der öffentlichen Hand, sprich: der Wohnungsbaugesellschaft, der Stadt, des Landes NRW und der NRW-Bank. Konkret versuchen sie seit geraumer Zeit, die Voraussetzungen zu schaffen, um wenigstens die Wohnungen in Zwangsverwaltung für die öffentliche Hand erwerben zu können, damit der dringend benötigte Wohnraum nicht dauerhaft verloren geht und eine weiteren Auspressung der Bestände durch renditeorientierte Investoren vermieden wird, inklusive der Folgekosten, die das für die öffentliche Hand hätte.

Allerdings: Innerhalb dieses Prozesses müssen nun alle Beteiligten befürchten, sich der Untreue schuldig zu machen, denn die Bank darf nicht unter Wert verkaufen, die Wohnungsbaugesellschaft nicht über Wert kaufen. Stadt und Land dürfen keine Präzedenzfälle in jeder Hinsicht schaffen. Das heißt: Die Verantwortlichen hier wie dort sind bestimmt von der Angst vor Untersuchungsausschüssen und müssen schließlich mit dem Geld der Steuerzahler sorgsam umgehen. Unter dem Strich müssen also 4000 Menschen leiden, weil das Gut Wohnen in der Vergangenheit als reines Renditeobjekt diente. Denn betriebswirtschaftlich lohnend wären Erwerb und Besitz der Chorweiler-Wohnungen nur unter zwei Bedingungen. Erstens: Wenn keine oder nur die allernötigste Instandhaltung erfolgt. Und zweitens, wenn die Mieten zuverlässig und in voller Höhe gezahlt würden, de facto also von der öffentlichen Hand durch eine hohe Belegung mit Hartz IV-

Mietern. Das wiederum wäre freilich alles andere als rheinisch. Denn die Abwärtsspirale im Quartier nähme weiter an Fahrt auf, wenn der bauliche Zustand noch erbärmlicher würde und die soziale Mischung der Bewohnerschaft noch mehr aus dem Lot geriete. Die Folgekosten müssten die Steuerzahler tragen, so dass am Ende der kurzfristig investierende Gewinnmaximierer sein Geld zu Lasten der Allgemeinheit verdient hätte. Wirklich weiterhelfen kann in diesen Fällen nur eine rheinische Lösung, die das Gemeinwohl im Auge hat, ohne dabei rechtliche Erfordernisse und berechtigte Einzelinteressen völlig außer Acht zu lassen.

Um das zu ermöglichen, will das Land NRW nun mit dem Wohnungsaufsichtsgesetz die Rechte der öffentlichen Hand gegenüber unverantwortlichen Vermietern stärken. Parallel dazu hat die Stadt Köln einen Teil des Stadtviertels zum Sanierungsgebiet bestimmt und versucht, durch die Unterstützung der örtlichen Mieterinitiative, die Förderung der Streetworker, durch Sozialraum-Management und Kooperation mit dem Mieterverein Köln Zeichen der Hoffnung zu setzen. Ob all diese „Manöver des letzten Augenblicks" ausreichen werden, um die drohende Verelendung eines ganzen Stadtteils aufzuhalten, muss sich erst noch zeigen.* Die Kräfte des Marktes allein, das zeigt das Beispiel der Wohnungswirtschaft überdeutlich,

---

* Immerhin war es aber ein ermutigendes Zeichen der Stadtgesellschaft, dass die Jugendlichen aus Chorweiler und der rechtsrheinischen Hochhaussiedlung Finkenberg im Rahmen eines großen Open-Air-Konzerts anlässlich des Jubiläums der Initiative „Arsch huh" erstmals auf einer Bühne vor vielen tausend Zuschauern auftreten konnten, einen Platz hatten und deutlich wurde: Auch sie gehören dazu.

generieren noch keine soziale Wirklichkeit, in der die Persönlichkeitsrechte und die Würde der Menschen gewährleistet wären. Und sie verschaffen auch dem Artikel 14 des Grundgesetztes nicht von allein Geltung, in dem es heißt: Eigentum verpflichtet.

Wie kommt der Strom in die Steckdose?

In ganz ähnlicher, wenngleich bislang weniger dramatischer Weise stellt sich dieses Problem auch auf dem Gebiet der Versorgungssicherheit. Auch hier geht es um die gesicherte und gerechte Bereitstellung elementarer Güter wie Gas, Wasser und Strom, die vielerorts traditionell in den Händen öffentlicher, meist städtischer Betriebe lag. Im Zuge der Privatisierungs- und Deregulierungswelle in den 1990er Jahren allerdings wurden sie häufig aus der öffentlichen Verantwortung herausgenommen. Aus einem ehemals „nicht handelbaren Gut" im Sinne der Klassifikation Michel Alberts wurde ein zunehmend „gemischtes" bzw. „handelbares" Gut.

Wichtigstes Argument dafür war in der Regel das Effizienz-Argument: Privatwirtschaftlich und wettbewerblich orientierte Versorgungsunternehmen seien günstiger, weniger bürokratisch und würden auf lange Sicht Gas, Wasser und Strom billiger bereitstellen können, weil die höhere Effizienz zu niedrigeren Betriebskosten führe. Unter dem Strich sei also ein Gewinn für alle zu erwarten: Für die Verbraucher, weil sie weniger zahlen müssen, ebenso wie für die neuen Betreiber, die aus dem effizienten Betrieb ihre Gewinne erzielen. Und auch die ehemaligen Betreiber, die Kommunen, profitieren, weil sie den unternehmerischen Aufwand nicht mehr haben, wohl aber die Steuern aus den Betriebsgewinnen und vor allem den Erlös aus dem Verkauf, um damit die meist klammen Kassen der Kommune zu entlasten.

Mittlerweile hat sich gezeigt: Die Argumente für eine Privatisierung treffen im Großen und Ganzen zwar zu (man denke nur an den Wandel der Deutschen Post vom Verwaltungsapparat zum Dienstleistungsunternehmen)*, aber es gibt auch Schattenseiten. Insbesondere haben die Kommunen mit dem Verkauf der Stromversorgungsunternehmen auch den Einfluss auf die Preisgestaltung verloren und können so nicht mehr ohne weiteres verhindern, dass in ihren Städten die Zahl der Haushalte steigt, die ihre Strom- oder Gasrechnung nicht mehr bezahlen können. Ähnlich beim Umweltschutz: Das Gemeinwohlziel einer weitestmöglichen Reduzierung von CO_2-Emissionen muss nach der Privatisierung den Entscheidungen der Betreiber überlassen bleiben, denn sie legen ja beispielsweise fest, mit Hilfe welcher Technologie die gelieferte Energie hergestellt wird.

Insbesondere aus diesen Gründen wurde und wird in einigen Städten der Rückkauf der ehemals städtischen Versorgungsbetriebe gefordert – mit unterschiedlichem Erfolg. Während sich etwa Hamburg mit einem Bürgerentscheid für die Rekommunalisierung ausgesprochen hat, kamen in Berlin zunächst nicht ausreichend abgegebene Stimmen zusam-

---

* Jochen Ott: Wobei die Bürokratie bei Telekom und Post auch nicht viel besser ist als bei der alten Bundespost. „Richtig" allerdings ist: Die Briefträger verdienen heute deutlich weniger, „neue Amtsleiter" deutlich mehr – eine Anmerkung, die ich meinem Vater, einem langjährigen Postgewerkschaftler, schuldig bin!

men, um eine gültige Abstimmung durchzuführen. Außerdem zeigte die Diskussion in den beiden Großstädten: Ist die Privatisierung erst einmal erfolgt, entsteht daraus eine ganze Reihe vertragsrechtlicher Verpflichtungen und Opportunitäten, die im Nachhinein nur unter neuerlichen Kosten oder Nachteilen wieder aufzulösen sind. Die Gefahr des Arbeitsplatzverlustes für Mitarbeiter der privatwirtschaftlichen Betreiber etwa oder die Frage, wie mit zwischenzeitlich erfolgten Milliarden-Investitionen umzugehen ist. Auch der finanzielle Aufwand eines Rückkaufes belastet die Kommunalkasse und kann – je nach Höhe – nicht immer sicher durch die zu erwartenden Gewinne komplett gegenfinanziert werden. Allein in Berlin sollen die zunächst privatisierten Wasserbetriebe nun doch zurückgekauft werden – für 1,2 Milliarden Euro!

Kommunen hingegen, die die Grundsicherung mit Gas, Wasser und Strom auch während der Privatisierungswelle in Händen behalten haben, steht damit heute in der Regel ein bewährtes Mittel zur Verfügung, um sozial notwendige Ausgaben zumindest in Teilen gegenzufinanzieren.

In Köln etwa fließen jährlich rund 70 Millionen Euro aus den Einnahmen der Stadtwerke in den städtischen Haushalt. Ohne diese Einnahmen, heißt es im Kölner Rat, wäre die Stadt sicher nicht auf den Spitzenplätzen bei der Einrichtung von Kitas, Ganztagsschulen oder bei der Kulturförderung. Selbstverständlich müssen die professionelle und wirtschaftliche Führung sowie Organisation dieser öffentlichen Betriebe transparent gemacht und den Besitzern, also den Bürgern, immer wieder dargelegt werden. Wenn das gelingt, können die Gewinne der öffentlichen Unternehmen zum Wohle aller investiert werden, sie fließen nicht in die Taschen einiger weniger privater Eigentümer. Als Kollateral-Gewinn bleiben dann sogar noch bestimmte Unterstützungsleistungen für die Stadtgesellschaft übrig, beispielsweise für Anzeigen in den Publikationen des Schützenvereins oder für das Sponsoring eines Mädchenprojekts im Stadtteil Ehrenfeld.

Diese Beispiele – vom öffentlich geförderten Wohnungsbau bis hin zu den Gütern der Grundsicherung – zeigen, wie innerhalb eines Ordnungsrahmens im Rheinischen Kapitalismus immer auch Abwägungen im Einzelfall notwendig sind: Wie viel Staat ist jeweils sinnvoll oder zielführend? Wie können – im Falle der kommunalen Betriebe – die Anforderungen an Effizienz, an Wirtschaftlichkeit oder auch an Kundennähe in Einklang gebracht werden mit dem legitimen Anspruch aller Bürger auf Versorgungssicherheit oder anderen Zielen des Gemeinwohls, etwa in der Umwelt- und Sozialpolitik?

Die Praxis zeigt: Nicht immer ist dazu das vollständige staatliche Eigentum erforderlich. Auch verbindliche Verträge oder Minderheitsanteile mit wirksamem Einspruchsrecht können zu dem Ergebnis führen, auf das es im Sinne des Rheinischen Kapitalismus ankommt: zu einer hinreichenden Gemeinwohlorientierung sozialer oder wirtschaftlicher Akteure; zu einer Praxis, die das unregulierte Spiel der Marktkräfte genau soweit lenkt, wie es nötig ist, um zu verhindern, dass am Ende dieses Spiels System-Verlierer stehen, die keine realistische Chance auf Teilhabe an wichtigen gesellschaftlichen Prozessen mehr haben.

Immer öfter wird in diesem Zusammenhang mittlerweile ersichtlich, dass der finanziell weitaus günstigste Weg zur Erreichung dieses Ziels über die sozialstaatliche Vorbeugung führt und nicht über die oftmals schwierige Reparatur der Folgen sozialer Benachteiligung. Kurz gesagt: Die Einrichtung etwa einer ausreichenden Zahl guter Kitaplätze ist unter dem Strich günstiger als der Unterhalt immer größerer Jugendstrafeinrichtungen oder die Durchführung aufwendiger Rehabilitierungsmaßnahmen. Insbesondere zur Frühförderung liegen zahlreiche Studien vor, die belegen, dass sich jeder dort investierte Euro innerhalb einiger Jahre amortisiert – eben weil gute Ausbildung, gerade für jene, die in der Familie einen eher schlechten Start hatten, der sicherste Weg ist, um nicht bei der Arbeitslosenunterstützung zu landen, sondern in einem selbstbestimmten Leben mit steuer- und abgabenpflichtigem Einkommen.

Zwar wird diese Logik des nicht nur für- sondern vor allem vorsorgenden Sozialstaats in Deutschland kaum bestritten. Die Frage aber, wie eine solche Politik zu bezahlen ist, erhitzt regelmäßig die Gemüter.

Mehren oder Teilen? Eine irreführende Alternative

Klar ist: Höhere Steuern sind zu diesem Zweck zwar geeignet, aber bei allen unbeliebt – nicht nur in der Wirtschaft, auch bei den Verbrauchern. Aber auch die steuer- und sozialpolitische Alternative, die Umverteilung von bereits vorhandenem Vermögen, stößt regelmäßig auf harsche Kritik, insbesondere natürlich bei jenen, denen etwas genommen werden soll. Dabei wird häufig das Instrument der Umverteilung prinzipiell angegriffen und mit dem bekannten „Kuchen-Argument" abgelehnt, demzufolge es nicht um die Verteilung der Kuchenstücke, sondern um die Größe des Kuchens gehe: „Wir haben kein Einnahmenproblem. Wir haben ein Ausgabenproblem." So ist es dann von den Männern und Frauen der Wirtschaft häufig zu hören. Mit fast 600 Milliarden Euro Einnahmen aus Steuern und anderen Quellen (2013) müsse man doch hinkommen. Und wenn schon mehr ausgegeben werden solle, dann müsse das eben erst einmal verdient werden.

Dazu brauche es aber Wachstum, Wettbewerb und Investitionen in der Wirtschaft. Und dazu müsse man der Wirtschaft helfen, das Geld zu verdienen und ihr nicht immer neue Knüppel zwischen die Beine werfen. „Was wir in Deutschland brauchen", so heißt es dann mitunter, „ist eine Ethik des Mehrens, nicht eine Ethik des Teilens."

Das im Wortsinne ver-rückte an dieser Argumentation ist, dass sie mit dieser Alternative einen Gegensatz konstruiert, der gar nicht existiert. Es ist ja eine Binsenweisheit, dass man nichts verteilen kann, was nicht existiert. Wer wollte da widersprechen?

Ebenso einfach ist aber einzusehen, dass sich die Frage nach einer gerechten Verteilung nicht allein durch eine Vergrößerung der Mengen oder die „Entfesselung" der Märkte beantworten lässt.

Verteilungsgerechtigkeit ist prinzipiell eine relative, keine absolute Kunst. Das heißt, oberhalb eines kritischen Minimums zu verteilender Güter stellt sich immer die Frage: Wer bekommt wie viel vom Kuchen, unabhängig von der Größe des Kuchens. Das heißt: Auch eine „Ethik des Mehrens" macht die „Ethik des Teilens" nicht überflüssig – wäre es anders, müssten mittlerweile, getreu dem Motto „Ist der Kuchen nur groß genug, werden alle davon satt", längst alle Probleme gelöst sein, und das weltweit. Schließlich ist der globale Bruttosozialkuchen heute rund fünfmal so groß wie beispielsweise 1970. Auch eine Branche wie die deutsche Chemieindustrie hat seit damals zwar den Gesamtwert ihrer Produktion ganz beträchtlich erhöht. 2011 betrug er 153,8 Milliarden Euro. Der Umsatz pro Chemiebeschäftigtem stieg allein zwischen 1991 und 2006 von 148 700 Euro pro Jahr auf 372 000 Euro pro Jahr. Das ist ein Wachstum des „Kuchens" um über 150 Prozent. Gleichzeitig aber nahm die Zahl der Beschäftigten in diesem Zeitraum von 716 700 auf 436 000 Personen ab. Das ist ein Rückgang von rund 40 Prozent. Und natürlich ist das alles andere als verwunderlich: Die hinter diesen Zahlen liegenden Produktivitätsfortschritte sind ja gerade das Ziel unternehmerischer Optimierung. Aber die Frage, wer in welcher Weise an diesen Zuwächsen partizipiert, entscheidet sich eben nicht von allein.

Auch weniger historische Daten bestätigen, dass für den Erfolg einer Gesellschaft nicht die Größe des Kuchens, sondern seine Verteilung ausschlaggebend ist. Britische Studien etwa zeigen für die OECD-Staaten, dass für eine Vielzahl wichtiger Parameter – vom Gesundheitszustand bis zur Lebenserwartung – die Situation umso besser ist, je ausgeglichener die Eigentums- und Vermögensverhältnisse sind. Und zwar unabhängig von der Höhe des durchschnittlichen Bruttoinlandsprodukts.

Die viel gescholtene Umverteilung ist also keine unliebsame und beliebige Idee von Sozialstaatspolitikern, sondern ein Erfordernis schon nur basaler sozialer Gerechtigkeit, die ihrerseits, wie gezeigt, eine Funktion des positiven Freiheitsbegriffs darstellt. Dennoch stellt sich natürlich die Frage, nach welchen Kriterien eine Umverteilung im Einzelfall erfolgen soll. Das dargestellte Differenzprinzip von John Rawls (siehe dazu Seite 58–60) gibt hierzu zwar eine Richtung vor. Entschieden und gestaltet aber wird Politik immer in konkreten Handlungszusammenhängen. Und wer die steuerpolitischen Weichenstellungen der vergangenen Jahre beispielsweise in Deutschland betrachtet, wird feststellen, dass sie sich – anders als oft behauptet – keineswegs zum „größtmöglichen Vorteil der am wenigsten Begünstigten“ ausgewirkt haben.

Progression im Rückwärtsgang: Steuerrealitäten

Zu diesem Ergebnis kommt jedenfalls eine Studie, die der Sozialökonom Andreas Kammer vom Kölner Max-Planck-Institut für Gesellschaftsforschung im Auftrag der Friedrich-Ebert-Stiftung erstellt hat. Sie zeigt: Die Umverteilungsleistung des deutschen Steuersystems sinkt etwa seit dem Jahr 2000 deutlich. Zwar steigt in Deutschland auch weiterhin der prozentuale Anteil der Steuerpflicht je höher das Einkommen wird: Wer nur wenig verdient, muss von dem Wenigen weniger abgeben als derjenige, der mehr verdient. Dieser mit dem Einkommen steigende („progressive“) Steuersatz büßte aber von seiner umverteilenden Wirkung vieles ein, weil seit dem Jahr 2000 sowohl die Durchschnittssteuersätze als auch die Grenzsteuersätze gesenkt wurden – und zwar für alle Einkommensgruppen, so dass die mittleren und höheren Einkommensgruppen davon überproportional profitierten.

Vor allem ihnen kamen außerdem die Begünstigung von Kapitaleinkünften, etwa im Kontext der Riesterrente oder bei der Abgeltungssteuer, besonders zugute. Gleichzeitig müssen Personen mit niedrigem Einkommen im Verhältnis einen größeren Teil ihres Einkommens für den Lebensunterhalt aufwenden und haben insofern höhere Belastungen aus der Mehrwertsteuer zu tragen als wohlhabendere Bürger. Die Mehrwertsteuer hat insofern eine regressive Verteilungswirkung, da sie gegenteilig zur progressiven Besteuerung die Einkommensungleichheit nicht vermindert, sondern weiter erhöht. Auch der ermäßigte Mehrwertsteuersatz auf Grundgüter wie z. B. Lebensmittel ändert daran nichts. Denn mittlerweile fallen viele Waren und Dienstleistungen unter die Sonderregelung – zum Beispiel Hotelübernachtungen und Kulturgüter –, die im ursprünglichen Sinne nicht als Grundgüter einzustufen sind, so dass im Effekt der Warenkorb von Wohlhabenden eher begünstigt wird als der von Armen oder Angehörigen der Mittelschicht. Insofern, so die Studie, „untergräbt die aufkommensstarke Mehrwertsteuer die positiven Umverteilungseffekte des gesamten Steuersystems".

Und auch bei den vermögensbezogenen Steuern setzt sich dieser Trend fort. So zeigen Analysen der OECD, dass das Aufkommen aus vermögenswirksamen Steuern in Höhe von 0,9 Prozent des Bruttoinlandsprodukts in Deutschland einen im internationalen Vergleich besonders niedrigen Wert erreicht, was insbesondere auf das Aussetzen der eigentlichen Vermögenssteuer seit 1997 zurückzuführen ist. Auch die Grundsteuer, die Eigentümer von Grundstücken zahlen müssen, wirkt sich in der Regel regressiv aus, weil sie von den Betroffenen meist an Mieter weitergereicht wird, wo sie zu einer zusätzlichen Belastung führt, die relativ umso höher ausfällt, je niedriger das Einkommen des Mieters ist. Die Erbschaftssteuer schließlich, die eigentlich eine besonders progressive Struktur aufweist, fällt unter dem Strich weniger progressiv aus als angenommen. Das liegt vor allem daran, dass sie vererbtes Betriebsvermögen steuerlich besonders begünstigt, obwohl dies, so der Hinweis in der Studie, eigentlich „einen Verstoß gegenüber dem in der Verfassung verankerten Prinzip der Gleichbehandlung“ darstellt.

„Im Gesamtbild“, so heißt es weiter, „zeigt sich, dass vermögensbezogene Steuern in Deutschland im internationalen Vergleich schwach ausgeprägt sind und nicht die Umverteilungseffekte erzielen, die man aus theoretischen Erwartungen ableiten würde. Vielmehr ist auch in diesem Bereich ein Trend zu einer sinkenden Umverteilungsleistung der Steuerpolitik zu erkennen. Zwar sind die Werte für das Steuersystem noch knapp positiv und es kommt zu einer mäßigen Korrektur der Einkommensungleichheit, aber die Umverteilungsleistung des gesamten Steuersystems ist seit Ende der 1990er Jahre deutlich gesunken – Umverteilungsziele verschwinden zunehmend aus der Steuerpolitik.“

Ein anderes, gegenläufiges Bild macht der Autor der Studie bei den staatlichen Transferleistungen aus: „Trotz anhaltendem Rückbau des Sozialstaates und der einschneidenden Agenda-Reformen der Schröder-Regierung ist die Umverteilungsleistung des Sozialstaates tatsächlich gestiegen. Sie kompensiert und überkompensiert sogar die gesunkene Umverteilungsleistung aus der Steuerpolitik“, so dass man zunächst annehmen könnte: Was an Ungleichheit durch die

Steuern nicht korrigiert wird, wird durch die Sozialtransfers korrigiert. Aber auch diese Sache hat nach den Erkenntnissen der Forscher einen Haken. Denn: Das Plus an Sozialleistungen ist vor allem darauf zurückzuführen, dass die Ärmsten der Armen in der Summe mehr Geld erhalten als in früheren Jahren und dass insgesamt für zielgerichtete Hilfen, wie etwa Wohn- oder Kindergeld, mehr Geld ausgegeben wird.

Auf diese Weise werden zwar die Einkommensabstände am unteren Rand der Einkommensverteilung reduziert. Da sich diese Zahlungen aber fast ausschließlich an Menschen ohne eigenes Markteinkommen richten, werden sie insbesondere in der Mittelschicht immer öfter als Almosen wahrgenommen. Dort sieht man sich selbst immer weniger als Empfänger oder auch nur potentieller Nutzer von Sozialleistungen. Die Folge ist, dass diese Leistungen zunehmend skeptisch beurteilt werden und ihre Akzeptanz sinkt. Eine Legitimationskrise kann schlimmstenfalls die Folge sein.

In der Gesamtschau hat also die Umverteilung – wegen der Transferzahlungen – zwar durchaus zugenommen. Dennoch, so die Studie, „kann dies die Steigerung der Ungleichheit bei den Markteinkommen nicht wirklich korrigieren." Es werden sozusagen die Folgen einer Ungleichverteilung gemildert, nicht aber die Verteilung selbst beeinflusst. Insbesondere wird durch die Entlastung von hohen Einkommen und Kapitaleinkünften die zunehmende Einkommensspreizung eher gefördert statt abgemildert.

Die Senkung von Steuerlasten führte bislang auch über den Umweg einer erhöhten Wirtschaftsleistung nicht dazu, dass die Situation der am wenigsten Begünstigten dadurch bestmöglich verbessert worden wäre – eher im Gegenteil.

Denn auch, wenn es immer wieder mal bestritten wird: Die soziale Schieflage in Deutschland nimmt eher zu als ab (siehe dazu Seite 152–157).

Auch in anderen Teilen der Welt scheint es so zu sein, wie es der Nobelpreisträger Joseph E. Stiglitz beobachtet: Belohnt man das Renditestreben etablierter Eliten, führt dies eher zu einer einseitigen Ressourcenvermehrung, jedenfalls nicht automatisch zu höherem und wohlstandswirksamem Wachstum der Volkswirtschaft insgesamt. Es führt im Gegenteil als Folge eher dazu, dass zunächst die Teilhabe und in der Folge auch das Wachstum sinkt. Bestätigt wird diese These auch durch eine neue Arbeit aus Frankreich. Dabei hat der Ökonom Thomas Piketty (Paris School of Economics) über einen Zeitraum von zwei Jahrhunderten nachgewiesen, dass wachsender Wohlstand der etablierten Eliten, gemessen vor allem am Anteil der ererbten Vermögen, mit Phasen niedrigen Wachstums korreliert.

Und auch andere Statistiken liefern keinen Beleg dafür, dass Länder mit tendenziell höherer Umverteilungstätigkeit, einem höheren Maß an Gleichheit und höherer Staatsquote automatisch die schwächeren Volkswirtschaften sind. Eher im Gegenteil, denn der Satz lautet ja nicht: „Langfristig sind die wenigsten durstig, je mehr es zu trinken gibt.“ Sondern er heißt: „Langfristig ist der Umsatz am größten, wenn alle mittrinken.“ Das ist ein kleiner, aber bedeutender Unterschied, den vor allem die Wirklichkeit in den skandinavischen Ländern bestätigt. Dort herrschen traditionell die höchste Gleichheit und die höchste Staatsquote. Gleichzeitig aber gehören diese Länder zu den Volkswirtschaften mit dem höchsten Lebensstandard.

Die Rückseite der Medaille: Eigenverantwortung

Was diesen Gesellschaften allerdings zu schaffen machen kann – und zwar in der Politik ebenso wie in der Wirtschaft –, ist die immer weiter steigende Zahl von Gesetzen, Vorschriften und Erlassen. Berühmtestes Beispiel für diese Tendenz ist die Steuergesetzgebung in Deutschland. Arthur Laffer, ein amerikanischer Ökonom und Berater von Ronald Reagan, sagte in den 1980er Jahren einmal über das deutsche Steuerrecht: „Die Steuersprache ist heute Deutsch. Deutschland scheint herausgefunden zu haben, wie man Steuern auf alles erhebt, was da kreucht und fleucht, läuft, schwimmt, steht oder einfach nur still dasitzt." Richtig daran ist: Das deutsche Steuerrecht umfasst rund 33 000 Paragrafen und 500 Ausnahmetatbestände. Und in anderen Bereichen ist das kaum anders. Allein 2012 wurden in Deutschland insgesamt rund 150 Gesetze erlassen und 3700 Bundestagsdrucksachen veröffentlicht. Alles in allem müssen Unternehmen und Bürger rund 5000 Gesetze und 90 000 Einzelvorschriften beachten. Hinzu kommen in wachsendem Maße Regelungen der Europäischen Union. So gehen allein rund ein Drittel aller vom Bundestag verkündeten und verabschiedeten Gesetze auf einen Anstoß der EU zurück.

Dabei stellt sich ein Effekt ein wie beim Schicht-Kuchen-Backen: Jede Schicht für sich betrachtet ist wohlschmeckend und nicht allzu kalorienhaltig. In der Addition aber liegt schon ein Stück Schichtkuchen schwer im Magen. Analog macht auch (fast) jede neue gesetzliche Regelung für sich genommen Sinn. In der Summe aber führen die zahlreichen Verordnungen nicht selten zur De-facto-Handlungsunfähigkeit. Eines von unzähligen Beispielen dafür ist etwa die Baugenehmigung für Kindertagesstätten. Sie wird von der kommunalen Bauaufsicht erteilt. Investor und Träger erhalten von der städtischen und der interkommunalen Jugendverwaltung die Genehmigung und bestätigen beispielsweise, dass die Türen nach innen aufgehen können, damit die Kinder beim Aufstoßen der Türen nicht andere Kinder im Flur verletzen können. Jahre später bei der Begehung des Arbeitsschutzes – er fällt in die Zuständigkeit der Landesbehörde, also der Bezirksregierung – stellt dieser fest, dass aus Arbeitsschutzgründen die Türen nach außen aufgehen müssen.

Und nun? Wieso ist der Staat nicht in der Lage das als Staat zu klären? Weil die Beamten es selbst schlicht nicht wussten. Wer trägt die Kosten, wenn in unzähligen Schulen und Kitas die Türen nun ausgetauscht werden müssen? Wer prüft bei Hunderten von Schulen in einer Millionenstadt alle Türen? Sollte mit der eingesetzten Bearbeitungszeit nicht besser die Instandhaltung und Modernisierung der Schulen vorangetrieben werden?

Der Rheinische Kapitalismus will eine solche Überlastung des Staates mit Aufgaben, die von Einzelnen besser erledigt werden können, ausdrücklich nicht. Er hält den Staat nicht für den besseren Unternehmer oder bestreitet prinzipiell die Rolle der bürgerlichen Eigenverantwortung. Ganz im Gegenteil. Diesem Ziel muss auch das politische System Rechnung tragen, denn sonst passiert dort dasselbe wie bei den Kindern, die für den Weg zur Kita mit einer Leuchtweste ausgestattet werden. Sie wollen plötzlich nicht mehr den Schleichweg durch die Wohnsiedlung nehmen, sondern gehen absichtlich an der vielbefahrenen Straße entlang zur Kita. Die Begründung: „Sonst leuchten die Westen ja gar nicht ordentlich“. Man muss nicht mehr selbst aufpassen, sondern fühlt sich beschützt durch Dritte.

Ganz ähnlich im Straßenverkehr, etwa bei einem typischen Kreisverkehr in der Rushhour am Nachmittag. Die Autos stauen sich. Die Situation ist zähfließend, und: unfallträchtig! Was kann man machen, um beide Missstände zu beseitigen oder anders ausgedrückt: Was kann getan werden, um den Kreisverkehr sicherer und zugleich effizienter zu machen, mit einem Wort: besser? Die Antwort, die wir zumindest hier in Deutschland oft geben, lautet: Mehr Regeln aufstellen, mehr Schilder aufstellen, die Fahrbahnmarkierung erneuern, Ampeln installieren. Neuerdings aber folgen auch die Deutschen in den Städten dem niederländischen Vorbild. Seit vielen Jahren schon testen dort Verkehrswissenschaftler den gegenteiligen Weg: Sie lassen alle Schilder komplett beseitigen. Das Ergebnis ist in der Regel verblüffend: Es wird zwar mehr gehupt als vorher. Aber die Zahl der Unfälle geht fast auf Null zurück. Und obwohl die Autos langsamer fahren, können sie die Kreuzung im Schnitt schneller passieren, die Wartezeit sinkt von 50 auf 20 Sekunden! Was auf den ersten Blick aussieht wie eine libertäre Befreiungsmaßnahme von staatlichem Zwang (keine Schilder mehr), entpuppt sich bei genauerem Hinsehen als ein Schritt, der dem Geist des Rheinischen Kapitalismus in hohem Maße Rechnung trägt. Die Eigenverantwortung des Einzelnen wird gezielt herausgefordert, weil er mit einem Ordnungsrahmen (Kreisverkehr) und Regeln (Vorfahrt für Fahrzeuge im Kreisverkehr) konfrontiert wird, die es in einem jeweils gegebenen Umfeld konkret und situationsangemessen anzuwenden gilt. Keine Ampel und kein Schild nehmen dem einzelnen Fahrer die Entscheidung für sein Verhalten ab. Gleichzeitig sorgt aber das schon im eigenen Interesse regelkonforme Verhalten der Mehrheit dafür, dass sich regelwidriges Verhalten einzelner Verkehrsteilnehmer nicht durchsetzen kann.

Auf eine solche „regulierende Wirkung des Kreisverkehrs“ müssten auch Bürger und Politiker im Rheinischen Kapitalismus öfter vertrauen. Stattdessen bilden sich gerade im Fall der Kreisverkehre nicht selten Bürgerinitiativen, die der Logik nicht folgen mögen und glauben, dass Ampeln insbesondere ihre Kinder besser schützen. Das zeigt, dass es in der Praxis schwierig ist, beides zugleich zu tun: Klare Regeln setzen und auf teure Überregulierung verzichten. Insbesondere die Bürgerinnen und Bürger müssten dazu analog zu den Autofahrern im Kreisverkehr noch weit häufiger darauf verzichten, die Verantwortung für das Funktionieren des Ganzen beim Gesetzgeber abzuladen.

Aber nicht alles, was erlaubt ist, ist deshalb auch richtig. Das gilt für die konsequente Nutzung von legalen Steuerschlupflöchern ebenso wie für die Inanspruchnahme sozialer Unterstützungsleistungen, die zwar formal rechtens sein mag, de facto aber sozial nicht notwendig. Auch eine solche Aufkündigung des Bürgersinns „von unten“, wie sie mitunter im Rahmen einer Versorgungs- oder Vollkaskomentalität anzutreffen ist, trägt auf die Dauer dazu bei, dass das auf Solidarität und Gemeinwohl ausgerichtete System des Rheinischen Kapitalismus von innen ausgehöhlt wird. Dies zu verhindern, zählt derzeit zu den wichtigsten Aufgaben politischer Gestaltungsarbeit, und zwar auf kommunaler Ebene ebenso wie in den Ländern und im Bund. Zu den größten Herausforderungen zählt dabei, die vielfältigen sozialen Angebote aller Ebenen besser zu bündeln und nicht unzählige Angebote unabgestimmt nebeneinander herlaufen zu lassen. Auch im Kontext der Europapolitik warten in diesem Zusammenhang besondere Herausforderungen.

Europa ist rheinisch: Solidarität statt bloßer Sparappelle

So schrieb Michel Albert bereits im Jahre 1998, befragt zu seiner Einschätzung über die Zukunft des Rheinischen Kapitalismus, dass sich diese Frage insbesondere in Brüssel entscheide, genauer: an den europäischen Aussichten auf Wachstum und Beschäftigung. Denn, so Albert, nur in einem dynamischen Europa gebe es Investitionen und Innovationen. Und nur wo es Investitionen und Innovationen gibt, gibt es auch starke Unternehmen, die sich dem Druck der Globalisierung erfolgreich stellen können. Eine solche Dynamik ist in den europäischen Ländern freilich derzeit noch lange nicht in Sicht. Das Prinzip der sogenannten Troika (EU, EZB, IWF), finanzielle „Hilfe nur gegen Gegenleistung“ zu gewähren und eine möglichst schnelle Haushaltskonsolidierung sowie umfangreiche Strukturreformen zu fordern, resultierte bisher vielmehr in Arbeitsmarktreformen, Lohnkürzungen sowie Kürzungen im sozialen Bereich. Die dadurch erhofften Entlastungen für die öffentlichen Kassen und für die Unternehmen machen sich aber noch nicht in wieder wachsender Dynamik bemerkbar.

Eher im Gegenteil: Solche Abstriche bei den öffentlichen Ausgaben, verbunden mit wachsender Unsicherheit der Unternehmen, was die Entwicklung ihrer Absatzmärkte betrifft, und verbunden damit, dass auch die privaten Haushalte heute nicht mehr wissen, wie sich ihr Einkommen morgen entwickeln wird, führen zu rezessiven Tendenzen, die sich gegenseitig verstärken. Auf diese Weise wird bisher wirkungsvoll verhindert, dass in Europa „alle mittrinken" können. Im Gegenteil: Immer mehr Menschen, insbesondere die Jugendlichen, werden von den Quellen des Wohlstands fern gehalten. Und das hat Folgen: Sie kaufen keine Neuwagen und beziehen keine eigenen Wohnungen, kaufen folglich auch keine Möbel für diese Wohnungen und fallen auch sonst auf Jahre gesehen als Konsumenten für ihre Volkswirtschaft aus. Stattdessen suchen sie ihr Glück in anderen Ländern der EU – wo man in ihnen aber vor allem Konkurrenten um Arbeitsplätze und Wohlstand erblickt.

Auch hier zeigt sich also: Das Vertrauen auf die Regulationskräfte des Marktes allein wendet sich am Ende auch gegen jene, die zunächst am meisten davon profitieren. Hohe Produktivität und vergleichsweise niedrige Arbeitskosten haben Deutschland auch und gerade innerhalb Europas zu einem Exportvorteil verholfen, der sich für die hiesige Wirtschaft zwar bezahlt macht und ganz wesentlich dazu beigetragen hat, dass das Land besser durch die Krise und aus der Krise wieder heraus gekommen ist als andere Länder. Zu den sozialen Folgen dieser Stabilität bei uns aber zählen der sinkende Lebensstandard und die steigende Arbeitslosigkeit in den südlichen Ländern Europas, wo man im Wettbewerb um niedrige Preise mit Deutschland nicht mithalten kann. Auch in Europa gilt also, dass eben noch nicht an alle gedacht ist, wenn jeder an sich denkt. Das Gemeinsame – hier die Idee des geeinten Europa – bedarf vielmehr einer besonderen Aufmerksamkeit und der zielgerichteten politischen Gestaltung.

Und die muss eindeutig auf „mehr" Europa zielen, nicht auf „weniger". Nicht nur unser Land, sondern alle Länder der Euro-Zone müssen in der Lage sein, im internationalen Wettbewerb erfolgreich mithalten zu können. Um das aber zu erreichen ist es nötig, alle Staaten Europas für diesen Wettbewerb zu stärken und als wirtschaftliche und auch politische Einheit aufzutreten. Daher bleibt den Europäern mittel- bis langfristig nur die Wahl, die bestehende Währungsunion zur wirtschaftlichen, sozialen und politischen Union auszubauen. Dieses wird jedoch nur möglich sein, wenn es gelingt, eine Vision für Europa zu entwickeln, die von den Bürgern Europas mitgetragen wird und die vor allem den unter mangelndem Wirtschaftswachstum leidenden Ländern eine realistische Perspektive auf Besserung ihrer wirtschaftlichen Verhältnisse gibt. Gleichzeitig darf nicht vergessen werden: Europa ist mehr als ein wirtschaftliches Zweckbündnis. Es ist eine Maßnahme der Friedenssicherung – eine äußerst erfolgreiche dazu. Gerade im Jahr 100 nach dem Ausbruch des Ersten Weltkriegs wird klar, welchen Unterschied es macht, dass in der Zwischenzeit Millionen von jungen Menschen im Rahmen von Schüler- und Studentenaustausch die europäischen Länder aus eigenem Erleben kennen und schätzen. Wer attraktive Französinnen oder rustikale Engländer, skeptische, aber herzliche Niederländer und liebevolle Iren im Studium oder aber im Auslandsaufenthalt erlebt hat, versteht den Sinn länderübergreifender Solidarität weit besser als die Eltern- oder Großelterngeneration. Allerdings: Die hier und da wiedererstandenen Feindbilder und Stereotype sind ein Warnsignal. Sie zeigen: Das große Friedensprojekt Europa steht und fällt mit dem wirtschaftlichen Wohlergehen möglichst Vieler.

Ein europäischer Superstaat freilich ist dazu gar nicht nötig. Ganz im Gegenteil spricht vieles dafür, dass das Konzept der „Einheit in Vielfalt" auch künftig das Leitmotiv erfolgreicher Europapolitik bleiben muss. Werner Abelshauser kommt in seiner Analyse der unterschiedlichen europäischen Wirtschaftskulturen beispielsweise zu dem Schluss: „Die Stabilisierung des Europäischen Währungssystems erfordert nicht eine einheitliche, sondern ganz unterschiedliche Strategien von Wirtschafts- und Finanzpolitik." Dabei unterscheidet er Strategien des angelsächsischen, des mediterranen und eben des rheinischen Kapitalismus, ergänzt um die noch nicht festgelegten Systeme des ehemaligen Ostblocks oder des Balkans, die ihren Weg noch suchen.

Sie alle müssen unter einem gemeinsamen, darauf zugeschnittenen Dach ihre jeweiligen Trümpfe ausspielen können: „Eine einheitliche Ordnungspolitik", so schreibt Abelshauser, „wie sie ein europäisches Währungssystem für die Kapitalmärkte, die Finanzpolitik und die Währungsintegration durchaus braucht, muss nicht immer den Bedürfnissen der Vielfalt europäischer Wirtschaftskulturen entsprechen. Eine wirksame Strategie der Integration muss sich deshalb der komparativen institutionellen Vorteile der betroffenen Wirtschaftskulturen immer bewusst sein und mit produktiver Ordnungspolitik ihre Stärken hervorheben."

Natürlich ist eine solche „Einheit in Vielfalt" leichter gefordert als realisiert. Für die Zukunft des Rheinischen Kapitalismus in Europa aber spielt sie eine politische Schlüsselrolle. Denn er hat nur dann nachhaltige Überlebenschancen, wenn das System der verschiedenen Wirtschaftskulturen innerhalb Europas nicht als Wettbewerb um das objektiv „bessere" Modell gestaltet wird, sondern als ein System der verschiedenen Teile, die zusammen ein Ganzes ergeben. Dieses Ganze könnte sich dann allerdings sehr wohl als überlegen herausstellen – verglichen mit einem nur monokulturell ausgerichteten System, wie etwa dem anglo-amerikanischen Kapitalismus.

Gemeinwohlorientierung: Der entscheidende Prüfstein

Von der Kommune bis nach Europa: Politik, die sich dem Rheinischen Kapitalismus verpflichtet fühlt, tritt weder für den Nachtwächter-Staat mit Minimalfunktionen ein, noch für einen omnipräsenten Staat mit der Tendenz zum Totalitarismus. Das „rheinische" Politikverständnis sucht und beschreitet vielmehr einen echten Weg der Mitte. Dabei wird es auch künftig immer wieder politischen Streit um die Frage geben, wo genau dieses Maß der Mitte liegt und wie es im Einzelnen zu gestalten ist. „Wir hier in Europa sind alle Sozialstaatler", sagte der ehemalige Außenminister Joschka Fischer in einem Interview 2013 und bezog das auf den Unterschied zwischen dem europäischen und dem amerikanischen Kapitalismus-Verständnis. „Wir hier streiten nur um die Ausgestaltung des modernen Sozialstaats."

Und so Recht er im Prinzip hat: De facto liegen aber mitunter doch recht tiefe Gräben zwischen den „in der Mitte" streitenden Parteien. Die Position des „Rheinischen Kapitalismus“ nehmen dabei fast alle für sich Anspruch – auch jene, die sich aus dem Vor- und Fürsorgeanspruch des Staates am liebsten vollständig zurückziehen möchten, meist mit Hinweis auf die Kosten einer solchen Vor- und Fürsorge. Wer sich jedoch auf die Quellen der „rheinischen“ Betrachtung besinnt – sei es aus der christlichen Perspektive der Nächstenliebe, sei es aus der Perspektive der europäischen Aufklärung und Emanzipationsbewegung im Zeichen von Freiheit, Gleichheit und Brüderlichkeit, der wird bei der Suche nach einer Richtschnur für sein politisches Handeln heute vor allem um eine Verpflichtung der Wettbewerbskräfte auf das Gemeinwohl und den Gedanken der Teilhabe nicht herum kommen; der wird, aus dem Gedanken der „positiven Freiheit“ heraus, Staat und Politik stets in einer ethischen Verpflichtung des Ausgleichs und der Korrektur sehen und auf allen Politikfeldern entsprechend handeln:

In der Europapolitik wird er, basierend auf dem Gedanken der Solidarität, für eine gerechte Verteilung der Lasten eintreten und nicht nur zur Sparsamkeit aufrufen.

In der Sozialpolitik wird er dafür eintreten, dass Eigenverantwortung und staatliche Fürsorge ausbalanciert werden. Zum Maßstab aber wird er dabei die Frage machen, ob ein System sozialer Sicherung den Ansprüchen der Menschenwürde sowie der Menschen- und Bürgerrechte genügt. Und ob das soziale System einer Gesellschaft nachhaltig funktioniert oder ob es gegebene Ungleichheiten eher vertieft als nivelliert. Das Ziel der Gleichheit bleibt für Rheinische Kapitalisten mit dem Ziel der (negativen wie positiven) Freiheit unauflöslich verknüpft. Richtig ist deshalb aus Sicht des Rheinischen Kapitalismus, dass die Sozialsysteme veränderten demografischen Bedingungen zwar angepasst werden müssen, damit sie überleben können. Falsch hingegen sind aus dieser Perspektive alle Lösungsansätze, die den Schwächsten dabei relativ höhere Lasten zumuten wollen als den Starken. Eigenvorsorge für Alter und Gesundheit kann nur derjenige betreiben, der in jüngeren Jahren entsprechende Überschüsse zur Verfügung hat. Wer sich also für kapitalgedeckte Sicherungssysteme ausspricht, gleichzeitig aber gegen den Mindestlohn, der argumentiert nicht mehr „rheinisch". Denn hier gilt: Einem nackten Mann kann man nicht in die Tasche greifen.

In der Steuer- und Abgabepolitik treten Rheinische Kapitalisten offensiv für das Prinzip der Umverteilung ein. Für sie ist der Begriff kein Schimpfwort, sondern ein Vorgang, der sich aus dem Gerechtigkeitsanspruch liberal-demokratischer Verfassungsstaaten zwingend ergibt. Der Sinn der differenzierten Steuererhebung besteht ja gerade in der Umverteilung von Vermögen und Einkommen: Stärkere Schultern stemmen auch stärkere Lasten, um damit die Gesellschaft insgesamt zu stabilisieren – wenn schon nicht aus reiner Nächstenliebe, dann wenigstens im eigenen Interesse.

In der Umweltpolitik vertritt der Rheinische Kapitalismus ebenso wie in der Sozial- und Wirtschaftspolitik das Prinzip der Nachhaltigkeit. Orientierung am Gemeinwohl bedeutet hier: Schonung der Ressourcen und Bewahrung der natürlichen Lebensgrundlagen. Und es bedeutet: Politisch aktiv für diese Ziele einzutreten, weil sie sich allein aus dem Wettbewerb des Marktes heraus nicht werden erreichen lassen. Zwar liegt beispielsweise die kontinuierliche Verbesserung von Energieeffizienz auch im Interesse von Unternehmen wie Privatpersonen. Das allein führt aber nicht zu einer Senkung des absoluten Energieverbrauchs in hinreichendem Umfang und in angemessener Zeit. Auch hier muss die Politik aktiv durch gesetzliche Rahmenbedingungen im Interesse des Gemeinwohls positive wie negative Anreize setzen. Die so eingeführten Regulierungsmechanismen sollten dann wieder so wettbewerbsorientiert wie möglich sein. Die ursprüngliche Idee des Emissionshandels etwa ist dafür ein gutes Beispiel.*

Vier Leitfragen für Rheinische Kapitalisten

1. Welche Güter sollen käuflich und handelbar sein und welche nicht?
2. Was muss geschehen, damit sich die Situation der am wenigsten Begünstigten verbessert?
3. Wie lässt sich das Maß an fairer Chancengleichheit erhöhen, so dass Freiheits- und Bürgerrechte von allen gleichermaßen wahrgenommen werden können?
4. Wie können begonnene oder vollendete Segregationsprozesse umgekehrt werden?

Das sind die Leitfragen für die Politik im Rheinischen Kapitalismus. An den Antworten, die sie darauf geben kann, muss sie sich messen lassen.

---

* Jochen Ott: Auch bei diesem Thema gilt: Starke Schultern müssen mehr tragen als schwache. Chancen und Risiken bei Energiewende und Klimaschutz müssen gerecht verteilt sein. Nur so finden beide den nötigen Rückhalt in der Bevölkerung.

„Sich kennen, sich helfen“ Kooperation macht die Wirtschaft erfolgreich

Es ist gemütlich: In der Bar des Fünf-Sterne-Hotels versammeln sich Gäste zum Aperitif. Man steht und sitzt beisammen, plaudert, blickt zurück auf einen anstrengenden, aber erfolgreichen Tag. Gleich gibt es etwas zu essen. Es könnte also ein schöner Abend werden, würde der Kollege aus der Abteilung „Investor Relations“ nicht ins Philosophieren geraten. Gestern erst, erzählt er, sei er von einem längeren Aufenthalt in Brüssel zurückgekehrt. „Ganz schrecklich“ sei es dort gewesen: „Die denken da nur noch in Klima-Kategorien. Wettbewerbsfähigkeit ist für die überhaupt kein Thema mehr. Das ist denen total egal.“ Er frage sich, wohin das führen solle. Am Ende spiele Deutschland keine Rolle mehr in der Weltwirtschaft.

Und dann: „Das haben wir jetzt von unserer Demokratie. Da lobe ich mir doch das chinesische Modell.“ Auf die Frage, was er denn am „chinesischen Modell“ für so vorbildlich halte, antwortet der Mittdreißiger im Hugo-Boss-Anzug: „Na, da wird eben durch-entschieden. Die wissen genau, was sie wollen und setzen das dann auch einfach um.“ Den Einwand, das sei in Deutschland auch mal so gewesen, hätte aber jede Menge Ärger verursacht, findet er unpassend und holt noch weiter aus: „Schon Plato hat sich ja eigentlich gegen die Demokratie ausgesprochen und für die Herrschaft der Philosophen.“

Auch da hat der junge Mann zwar Recht. Aber leider zählt ja gerade das, was Plato über den Staat geschrieben hat, eher nicht zu den geistigen Grundlagen des modernen liberalen Verfassungsstaates. Eher im Gegenteil. Ob er denn auch vorhabe, das platonische Kastensystem und die Kasernierung von Kindern zwecks strenger Ausbildung einzuführen? So will er es nun auch wieder nicht gemeint haben, und außerdem wird jetzt das Essen serviert. Auf der Karte stehen Perlhuhn oder Seebrasse – wenigstens beim Essen hat man also noch die Wahl, und das gefällt dann selbst dem schneidigen Kollegen aus der Finanzwelt.

Ist diese Begebenheit ein Einzelfall? Schön wäre es, wobei hier nun keinesfalls behauptet werden soll, Dialoge wie dieser seien der Normalfall. Auffassungen, wie sie der junge Manager im vertrauten Kreis äußert, sind in der Wirtschaft dankenswerter Weise noch nicht an der Tagesordnung. Aber selten sind sie auch nicht gerade.

Der Homo oeconomicus: Ein unsichtbarer Herrscher

Der US-amerikanische Philosophieprofessor Michael Sandel kann das aus seiner Erfahrung bestätigen. Er lehrt an der berühmten Harvard-University in Boston praktische Philosophie mit Schwerpunkt auf dem Thema Gerechtigkeit. Sein Buch zu diesem Thema („Justice") hat sich zum Bestseller entwickelt. Aber wer wissen will, was Sandel lehrt, kann das auch ganz kostenlos in Erfahrung bringen: im Internet. Seine Vorlesungen sind bei Youtube abrufbar. Über vier Millionen Menschen haben die Videos schon aufgerufen. Sandel könnte also ein sehr reicher Mann sein, wenn er auch nur einen Dollar pro Klick bekäme.

Aber dem Universitätsprofessor geht es eben nicht um Reichtum. Es geht ihm vielmehr darum, die grundlegenden Fragen der praktischen und politischen Philosophie wieder an junge Menschen heranzutragen. Denn das, so Sandel, sei dringend nötig. Ihn habe es erschreckt, erzählte er jüngst in einem Interview, wie sehr und wie häufig mittlerweile die Logik der Ökonomie das Denken junger Menschen auch dann präge, wenn es um nicht-ökonomische Zusammenhänge gehe. Die Kategorien von Nutzen und Vorteil, von Investitionen, die sich „lohnen" oder „nicht auszahlen", bestimmten das Denken und Reden vieler Studenten, wenn es um Fragen der Liebe, der Freiheit oder der Gerechtigkeit gehe. So als seien auch diese Güter „handelbare Güter" im profanen Sinne. Eine meist recht oberflächliche Art von Utilitarismus, also des Nützlichkeitsprinzips, die „gut" oder „böse" ausschließlich nach Kategorien der Nutzenmaximierung unterscheidet, kennzeichnet nach der Beobachtung Sandels die spontane Bauchphilosophie der meisten Studenten.

Auch Gespräche wie das in der Hotelbar machen deutlich: Diese Art von Bauchphilosophie ist keineswegs ein amerikanisches Phänomen. Eher schon ist die Amerikanisierung der Denk- und Urteilsverhältnisse längst ein europäisches, bestimmt aber ein deutsches Phänomen geworden, jedenfalls in wirtschaftsnahen Kreisen.

Dahinter steckt der Siegeszug einer Denkfigur, die – wie der FAZ-Herausgeber Frank Schirrmacher in seinem Buch „Ego. Das Spiel des Lebens" treffend analysiert hat – nicht zufällig in der Welt des Militärs geboren wurde und von dort ihren Siegeszug durch die Hörsäle der Betriebs- und Volkswirtschaftslehre angetreten hat: die Denkfigur des Homo oeconomicus. Ursprünglich wurde sie als ein abstraktes Konstrukt konzipiert, um innerhalb eines spieltheoretischen Modells den rein rational handelnden Akteur zu repräsentieren, von dem man natürlich immer wusste, dass er in der Wirklichkeit so nicht existiert. Die Denkfigur half aber dabei, alle möglichen Handlungs- und Reaktionsmuster zu analysieren, die vernünftigerweise zu erwarten wären.

Tatsächlich hat dieses Modell im Kalten Krieg gute Dienste geleistet, als man kalkulieren musste, mit welchen Zügen und Gegenzügen innerhalb des Rüstungswettlaufs zu rechnen sei: „Welche Handlungen liegen im rationalen Nutzen-Interesse des Gegners, welche nicht? Welche wird er wahrscheinlich, welche weniger wahrscheinlich unternehmen. Wie können wir sinnvoll reagieren?“ Diese und ähnliche Fragen ließen sich beantworten, wenn man einen Homo oeconomicus auf der anderen Seite unterstellte, der sich in seinen Entscheidungen konsequent und ausschließlich an der Maximierung seines eigenen Nutzens orientiert. Zwar brachte schon der sowjetische Staatschef Chruschtschow mit seinem vermeintlich cholerischen Schuh-Auftritt vor den Vereinten Nationen (in Wahrheit war die Entgleisung inszeniert!) die Grundannahme der Rationalität gehörig ins Wanken. Die Anhänger der Spieltheorie aber konnte das nicht schrecken. Sie hielten – aus guten Gründen der Theorie – an ihrer Denkfigur fest und fütterten bald auch die immer besser entwickelten Computer mit ihren logischen Entscheidungsbäumen.

Dort, in der modernen Maschine, lief der Homo oeconomicus zur Hochform auf. Vor allem wurde er – obgleich nun vollends virtuell – sozusagen real. Denn in nur wenigen Millisekunden können entsprechend programmierte Computer aus theoretisch millionenfachen Möglichkeiten berechnen, wann es beispielsweise Zeit ist, Wertpapiere zu verkaufen oder hinzuzukaufen. Dieses „Wissen" melden sie nicht nur ihren Betreibern. Sie setzen es, wenn gewünscht, auch direkt selbst um. Als einprogrammierter Algorithmus agiert der Homo oeconomicus deshalb heute höchst real an den Börsen dieser Welt. Und die Menschen an den Börsen, beziehungsweise alle, deren Aktien dort gehandelt werden, haben sich mehr oder weniger gut angewöhnt, sich an seinen Denkmodellen und Entscheidungsbäumen zu orientieren.

Die Folge ist eine bestimmte Art der Ökonomisierung des Denkens, in der Struktur vielleicht am ehesten vergleichbar mit dem Kalkül professioneller Schachspieler. Gewöhnt und trainiert, mehrere Züge im Voraus zu denken und dabei umso erfolgreicher, je verwinkelter die Prognosen ausfallen, neigt er möglicherweise mit der Zeit dazu, sich auch Lebensgebiete außerhalb der Schachwelt nach der Brett-Logik zu erschließen und sein Verhalten daran auszurichten. Die Fakultät für Wirtschafts- und Sozialwissenschaften (WiSo) an der Kölner Universität etwa, jedenfalls der Lehrkörper für das Fach Wirtschaft, war spätestens seit den 1990er Jahren de facto im Sinne des Homo oeconomicus geistig gleichgeschaltet. Eine ganze Generation sollte nach der Wiedervereinigung „entrheinifiziert" werden. So verkündete beispielsweise der Ökonom und Finanzwissenschaftler Professor Walter Kitterer in der Vorlesung zu Staatstätigkeiten und Staatsfinanzen seinen

Studenten: „Wenn ich morgens im Bad das Licht einschalte, meine Damen und Herren, dann subventioniere ich damit ihren Studententarif in der Straßenbahn. Damit muss endlich Schluss sein."

„It is NOT the economy, stupid!"

Gemeint war damit die höchst rheinische Einrichtung eines steuerlichen Querverbunds über die Stadtwerke, wie er in fast allen Kommunen üblich ist. Dabei werden tatsächlich die Überschüsse aus dem einen städtischen Betrieb verwendet – hier: des örtlichen Stromversorgers –, um einen anderen, nicht-profitablen Betrieb – hier: den ÖPNV – zu finanzieren. Mit einer modernen Wirtschaftslogik des Profit-Centers hat das zwar wenig zu tun. Es ist deshalb aber nicht falsch. Dahinter steckt vielmehr und angemessenerweise eine politische Logik, die sagt: Die Zugänglichkeit zu Grundgütern des öffentlichen Bedarfs (hier: Mobilität) darf nicht an den Rentabilitätsansprüchen des Homo oeconomicus scheitern, die bei öffentlichen Gütern wie dem ÖPNV ohnehin nicht realisierbar sind.

Den Verehrern des Homo oeconomicus, wie dem erwähnten Professor, möchte man mit Joschka Fischer und frei nach Bill Clinton zurufen: „It's NOT the economy, stupid!" Denn so wie der amerikanische Präsident dereinst meinte entdeckt zu haben, dass sich eben am Ende alles nur ums Geld dreht und wirtschaftliche Gesichtspunkte die auch (außen-)politisch einzig zählende Währung sind, so muss man heute mitunter wieder ganz neu Verständnis für die Einsicht schaffen, dass die Ökonomie eben nicht der Nabel der Welt ist. Wichtig und mächtig ist sie – ja. Aber nicht allmächtig. Und „was die Welt im Innersten zusammenhält", ist, sofern sie überhaupt etwas zusammenhält, bestimmt nicht das Geld.

Dies radikal anders zu sehen und alles und jedes auf die Ökonomie zurückzuführen, war bis vor einigen Jahren eigentlich das exklusive Privileg der Marxisten. Die libertäre Wirtschaftstheorie jedoch hat es geschafft, den Marxisten dieses Ideologie-Monopol streitig zu machen: „It's the economy, stupid!" – das hätte auch gut der Mao-Bibel-treue Kommunarde dem Neuling in der Kommune entgegen rufen können.

Heute ist diese Auffassung Standard in den Köpfen des Durchschnittsmanagers: Was ist der Zweck des Unternehmens? Richtig: Geld zu verdienen! Gemeinwohlbeitrag? Fortschrittsbeitrag? Gar die Welt verbessern? Kopfschütteln und sehr hoch gezogene Augenbrauen. „The business of business is business", sagt die reine Managementlehre, made in USA. Ja, es sei sogar ethisch verwerflich, wenn ein Unternehmen irgendwelche anderen handlungsleitenden Ziele als die Geldvermehrung verfolge, haben die Vertreter der Chicago-Schule rund um Milton Friedman verkündet. Die Folgen dieser ethisch-moralischen Generalabsolution sind bekannt.

Weniger bekannt ist, wie weit die Ökonomisierung aller Lebensbereiche bereits fortgeschritten ist. Sogar die Schulen hat sie schon erreicht, manche jedenfalls. So berichtet beispielsweise ein Vater, dessen Sohn zusammen mit anderen Sprösslingen wohlhabender Familien eine teure Privatschule besucht, von einem gemeinsamen Ausflug in die Eifel. Ziel ist das große Radioteleskop in Effelsberg, nahe Bad Münstereifel. Das gewaltige „Ohr“ (der Durchmesser des Teleskopspiegels beträgt 100 Meter) „horcht“ in die Weiten des Weltalls und misst selbst schwächste Strahlung, die von dort auf die Erde trifft, unter anderem um herauszufinden, ob es „dort draußen“ irgendwelche Lebenszeichen gibt. Betrieben wird die nicht nur für einen Zehnjährigen höchst imposante Anlage durch das Max-Planck-Institut für Radioastronomie. Und das Max-Planck-Institut wiederum finanziert sich hauptsächlich aus Zuwendungen von Bund und Ländern.

Das weiß der Zehnjährige natürlich nicht. Er schaut sich das gewaltige Teleskop aufmerksam an, lässt sich geduldig Sinn und Zweck des Aufwandes erklären, um dann kritisch anzumerken: „Aber damit kann man doch gar kein Geld verdienen.“ Der Vater, der rund 40 Jahre zuvor mit dem eigenen Vater an selbigem Ort gestanden hat, fragt sich verwundert, ob er oder einer seiner Freunde damals wohl auf diesen Hinweis verfallen wären. Die Antwort ist eindeutig: niemals!

Der ökonomische Aspekt einer derart faszinierenden Angelegenheit wie der Erkundung von Sternen und Galaxien wäre ihnen niemals in den Sinn gekommen. Heute ist das anders. Und der Vater erklärt dem Sohn: „Stimmt genau. Man kann kein Geld damit verdienen. Damit es aber trotzdem jemand macht, legen wir alle zusammen für die Sternengucker. Jeder ein paar Cent – durch unsere Steuern. Das ist für jeden einzelnen nicht viel, aber die Wissenschaftler hier bekommen Geld für ihren tollen Job, damit auch sie ihren Familien etwas zu essen kaufen können und ein Dach über dem Kopf haben. Und damit das Teleskop immer gut in Schuss bleibt. Und damit wir alle etwas über unser Universum lernen.“ Das beeindruckt den jungen Mann nun wieder. Er versteht zum ersten Mal, warum man von seinem sauer verdienten Geld etwas abgibt: „Wow, wir zahlen das hier alles? Find ich cool.“*

Die schwäbische Hausfrau: Wirtschaftsweise des Staats?

In der Welt seines Vaters freilich – der Mann ist Logistikmanager in einem Großkonzern – findet man das überhaupt nicht „cool“. Steuern sind ein Übel und beeinträchtigen den Gewinn – die einzig relevante Kenngröße zumindest in einem börsennotierten Konzern. Der Konzern beschäftigt deshalb intern und extern ganze Heerscharen von Rechtsanwälten und Wirtschaftsprüfern, deren Hauptaufgabe es ist, sogenannte „legale Steuerlücken“ zu entdecken – oder durch geschickte Interpretation auch erst zu schaffen – und sie dann gezielt zu nutzen. Europaweit, so schätzte 2013 eine Studie von Tax Research, London, gehen den Staaten auf diese Weise und durch Steuerbetrug pro Jahr rund eine Billion Euro verloren. Das entspricht dem EU-Budget für sieben Jahre.

Zum Vergleich: Die allseits beklagten „überbordenden Sozialleistungen“, gerne auch als „Wohltaten“ sprachlich verunglimpft, etwa für die Hartz-IV-Zahlungen in Deutschland

---

* Jochen Ott: Wer jemals das Hamburger Planetarium besucht und dort das Musical „Der kleine Tag“ von Rolf Zuckowski gehört hat, der weiß zudem, dass gerade die Beschäftigung mit den Sternen, den Galaxien und der Zeit einfach nur spannend und schön ist. Und, wie Rolf Zuckowski textet: Manches macht man eben „einfach nur so“, „nicht weil es Geld bringt, nicht weil es nutzt, nicht damit andere es bewundern, nein nur so!“

betragen pro Jahr rund 32 Milliarden Euro. Was im Übrigen nur etwas mehr als einem Prozent des deutschen Bruttosozialprodukts entspricht – auch dies eine Größenordnung, die in der Sozialstaatsdebatte gerne verschwiegen wird. Mit anderen Zahlen ist es ähnlich: Aus Sicht des Steuerzahlers mag es vielleicht noch in Ordnung gehen, dass er für die deutsche Einheit bis heute rund 1,6 Billionen Euro gezahlt hat, für die Rettung deutscher Banken bisher rund 50 Milliarden Euro angefallen sind (plus 400 Milliarden Euro an Garantien), dass er für die Euro-Rettung im Zuge des ESM (Europäischer Stabilitätsmechanismus) mit insgesamt rund 190 Milliarden Euro haftet und davon 22 Milliarden Euro an Kapital einzahlen muss oder dass er die Autoindustrie allein mit der Finanzierung der Abwrackprämie in Höhe von fünf Milliarden Euro über die Krise gerettet hat. Selbst dann noch, wenn er wüsste, was der Generalsekretär der UNO für sozial-ökonomische Fragen jüngst mitteilte: Dass nämlich schon rund sieben Milliarden Dollar ausreichen würden, um den Welthunger zu beenden. Warum dann aber fünf Milliarden Euro für die Verbesserung der Verkehrsinfrastruktur in Deutschland, drei Milliarden für die Forschung oder sechs Milliarden für Bildung und Kinderbetreuung ein politisches Streitthema erster Ordnung sind, und warum an diesen Beträgen selbst nach den Prognosen von Fachleuten das Land zugrunde gehen sollte, kann man dem durchschnittlichen Steuerzahler wohl nur schwer plausibel erklären.

Kaum scheint die Krise überwunden, werden derartige Maßnahmen als „rückwärtsgewandte Wirtschaftspolitik“ gebrandmarkt, als unstatthafte Eingriffe in die Freiheit jenes Marktes, der gerade eben erst mit seinem Versagen ein nie da gewesenes Loch in die Staatskassen gerissen hat. Wer es jetzt mit neuen öffentlichen Ausgaben wieder flicken will, wird der Verantwortungslosigkeit beschuldigt. Die Gemeinwohlorientierung liegt angeblich allen am Herzen, aber sie darf keinesfalls mehr kosten.

Stattdessen wird den Politikern vorgeschlagen, sie sollten den Staat nach der Rezeptur der schwäbischen Hausfrau führen: Einfach nicht mehr ausgeben als man einnimmt. Dass dabei auf die Dauer nicht nur die Zinsen für Staatsanleihen auf Null sinken oder sich gar in Minuszinsen verkehren, wird von den Vertretern dieser Auffassung gerne verschwiegen. Ebenso, dass mit dieser Strategie wohl über kurz oder lang das gesamte System des Wirtschaftens zum Erliegen käme. Denn natürlich sind ja die Schulden des einen – öffentlich wie privat – immer das Guthaben des anderen. Banken und Staaten können ihren Sparern nur dann Zinsen zahlen, wenn es auf der anderen Seite Leute gibt, die bei ihnen Kredite aufnehmen. Die Kreditzinsen bezahlen die Sparzinsen. Ginge nun die Kreditsumme auf „Null" zurück, könnte die Bank nicht nur keine Guthabenzinsen mehr auszahlen. Sie müsste sogar eine Gebühr für die Verwahrung des Geldes verlangen, also Minuszinsen.

Genau dieser Fall tritt aktuell bei den von Deutschland ausgegebenen Staatsanleihen ein: Deutschland wird mehr Geld angeboten, als der Staat in Form von Staatsanleihen braucht. Deshalb zahlt Deutschland für bestimmte Papiere keine Zinsen mehr bzw. zeitweise sogar Minuszinsen, also Gebühren. Das zeigt: Eine Volkswirtschaft funktioniert auf die Dauer überhaupt nur über Schulden oder mit anderen Worten: Über Sparvermögen, das andere als Kredite zur Schaffung neuer Werte oder zur Verbesserung der Produktivität einsetzen.

Genau das aber ist in der Vergangenheit immer weniger geschehen. Stattdessen wurde und wird stetig gewachsenes

Privatvermögen auf dem Finanzmarkt in spekulative Anlagen investiert, wo es sich weiter vermehren soll. Auf diese Weise hat sich mehr Geld angesammelt als sinnvoll für Investitionen in der Realwirtschaft eingesetzt werden kann. Stattdessen umkreist es in virtueller Form und in Sekundenschnelle, gesteuert von Homo-oeconomicus-Computern, milliardenfach die Welt. Den Staaten aber hat man – im Verhältnis zu den imposant angeschwollenen Privatvermögen – eher weniger als mehr Einnahmen zugestanden, so dass dort schon vor der Bankenrettung beträchtliche Schulden aufgelaufen sind. Selbst in reichen Ländern wie Deutschland fehlen jetzt die Mittel, um Schulden zurückzuzahlen und wirklich dringende öffentliche Investitionen zu tätigen: in die Infrastruktur, in die Innovationsförderung, in die Bildung, mit einem Wort: in die Zukunft des Gemeinwohls.

Genau dies vom Staat zu fordern, mit der Begründung, er habe für die Rahmenbedingungen des Wirtschaftens zu sorgen (Stichwort: Schlaglöcher und defekte Brücken), gleichzeitig aber schon nur moderate Steuererhöhungen zu bekämpfen, spricht kaum für echte Gemeinwohlorientierung; besonders dann nicht, wenn es darum geht, dass das wie beschriebene akkumulierte Privatvermögen etwas höher besteuert werden soll. Schließlich ist es ja genau dieses Geld, mit dem auf den Finanzmärkten spekuliert wird, das dem Staat, und das heißt: der Gesellschaft, fehlt. Und es ist das Geld, das zuvor von der Gesellschaft an die Einzelnen geflossen ist: Indem zum Beispiel der Spitzensteuersatz von 53 auf 42 Prozent gesenkt wurde oder der Körperschaftssteuersatz auf 15 Prozent, um die Unternehmen zu entlasten. Wenn sich heute herausstellt, dass der Staat einen vergleichsweise kleinen Teil dieses inzwischen vermehrten Geldes wieder zurück haben will, weil er es zur Wahrnehmung seiner Aufgaben dringend benötigt, dann ist das eben kein Raubrittertum, sondern eine faire Forderung im Sinne des Gemeinwohls.

Die rheinische Rettung: Alter Zopf und neue Krise

Dass viele Unternehmer und Manager jede Form von Steuererhöhung dennoch kategorisch ablehnen, ist wohl in erster Linie auf die betriebswirtschaftlich begrenzte Betrachtungsweise zurückzuführen. Denn so überraschend das angesichts manch öffentlicher Äußerung klingen mag: Nicht wenige Entscheider in der deutschen Wirtschaft argumentieren zwar nach außen vergleichsweise „unrheinisch", erzielen ihre unternehmerischen Erfolge aber auf der Grundlage rheinischer Prinzipien der Unternehmensführung. Das gilt durchaus nicht nur für kleine und mittelständische, sondern auch für große, an der Börse notierte Unternehmen.

Und es gilt in ganz besonderem Maße für die Strategien, mit denen deutsche Unternehmen ab 2008 durch die Krise gekommen sind. Die Autoindustrie etwa profitierte von der Abwrackprämie, also von einer öffentlichen Förderung, die nichts anderes war als eine Art von Solidaritätszuschlag, den die Steuerzahler für akut bedrohte Unternehmen gezahlt haben. Insgesamt 1,7 Millionen „subventionierte" PKW wurden im Rahmen des mit fünf Milliarden Euro geförderten Programms zugelassen. Allein von Januar bis August 2009 lag die Zahl der Neuzulassungen von PKW um 26,8 Prozent höher als im Vorjahreszeitraum, wobei Volkswagen als größter inländischer Hersteller auch die größten absoluten Zuwächse bei Produktion und Verkauf zu verzeichnen hatte.

Das zeigt, wie sich eine punktuelle staatliche Intervention – eine typische Maßnahme des Rheinischen Kapitalismus also – zum Vorteil aller Beteiligten auswirkt: Für die Autoindustrie insgesamt linderte die Prämie den dramatischen Absatzeinbruch, und sie musste daher keine Kapazitäten und Arbeitsplätze abbauen; die Kunden erhielten günstigen Zugang zu Neuwagen, und der Staat musste weder teure Sozialprogramme auflegen, noch verlor er mittelfristig potentiell Steuern zahlende und investierende Industrieunternehmen – ein Paradebeispiel dafür, dass die für den Rheinischen Kapitalismus typische Kooperation von Staat und Wirtschaft in Deutschland noch immer funktioniert.

Das gilt in gleicher Weise für das Funktionieren der unternehmensinternen Institutionen des Rheinischen Kapitalismus. Auch hier bedeutete der Beinah-Zusammenbruch der Finanzmärkte eine Nagelprobe, die das rheinische Modell mit Bravour bestanden hat. Das Kölner Chemie-Unternehmen Lanxess etwa erlebte im Jahr 2008 – ebenso wie die meisten anderen Industrieunternehmen in Deutschland – einen Einbruch seiner Ergebnisse um mehr als 30 Prozent. Mit anderen Worten: einen Erdrutsch von historischem Ausmaß. Die Geschäftsleitung sah sich gezwungen, vergleichsweise drastisch zu reagieren und in ihren weltweit verstreuten Anlagen die Fertigung zu drosseln.

Das allerdings ist in Chemieanlagen weitaus schwieriger als beispielsweise in der Autoproduktion. Weil es sich meist um komplexe chemische Reaktionen handelt, kann man industrielle Chemieanlagen meist nur vollständig ab- oder einschalten, nicht aber dosieren. Auch bei Lanxess mussten deshalb im Rahmen eines sogenannten „flexiblen Anlagenmanagements" Produktionsanlagen zeitweise völlig still gelegt werden. Neben den technischen Voraussetzungen, die dafür geschaffen werden mussten, ließ sich diese Anpassung an deutschen Standorten aber über Kurzarbeitsprogramme regeln. Ähnlich wie bei der Abwrackprämie stand auch hier ein im Rheinischen Kapitalismus erprobtes Modell zur Verfügung, bei dem der Staat seinen Anteil dazu leistet, dass Unternehmen nicht gleich zum letzten Mittel der betriebsbedingten Kündigung greifen müssen, wenn es konjunktur- oder krisenbedingt einmal nicht so gut läuft.

Darüber hinaus zeigten aber auch die Arbeitnehmer bei Lanxess ein hohes Maß an Flexibilität, etwa weil Mitarbeiter zeitweise andere Aufgaben übernehmen mussten. Vor allem aber: Um schnell zu spürbaren Kostenentlastungen zu kommen, waren auch vorübergehende Entgeltverzichte notwendig. Und auch hier fanden die Sozialpartner des Unternehmens eine gemeinsame Lösung: Vom Angestellten bis zum Vorstand erklärten sich die betroffenen Mitarbeiterinnen und Mitarbeiter der deutschen Standorte bereit, auf Teile ihres Entgelts bis zu einer Normalisierung der Situation zu verzichten. Insgesamt wurde das Unternehmen auf diese Weise allein im Jahr 2009 um Kosten in Höhe von mehr als 30 Millionen Euro entlastet.*

---

* Peter Sprong: Die neuerliche Belastung des Unternehmens durch konjunkturelle Einbrüche auf den Weltmärkten im Winter 2013 wollte der Aufsichtsrat dann allerdings nicht mehr nach dem „rhei-

Das Ergebnis dieses und ähnlicher Prozesse in den deutschen Industrieunternehmen war: Es gingen nicht nur keine Arbeitsplätze verloren, sondern als die Konjunktur wieder anzog, standen die Kapazitäten wieder bzw. noch immer in vollem Umfang bereit und mussten nicht erst wieder mühsam aufgebaut werden. Das war gut für die Unternehmen, gut für die Belegschaften, die jetzt sogar wieder zusätzliche Zahlungen erhielten, aber eben auch für Deutschland insgesamt: Der Flexibilität der Sozialpartner und der Verantwortungsgemeinschaft von Staat und Wirtschaft verdankt Deutschland zu einem großen Teil die im Vergleich zu anderen Ländern schnelle Überwindung der Krise. Schon im Jahre 2010 war das Land nach der bis dahin schwersten Wirtschaftskrise der Nachkriegszeit wieder beim Wohlstands- und Wachstumsniveau des letzten Vorkrisenjahres angelangt. Der Rheinische Kapitalismus hat sich damit als die eigentliche Triebfeder des deutschen Jobwunders erweisen. Denn während die erdrutschartigen Verwerfungen der Krise in den USA allein zwischen 2008 und 2010 rund 540 000 Jobs kosteten, waren es in Deutschland nur 54 000.

Auf der Suche nach den Gründen kommen sogar Gewerkschafts- und arbeitgebernahe Wissenschaftler zu demselben Schluss. „Der spezifische deutsche Entwicklungspfad einer koordinierten und korporativ angelegten Marktwirtschaft ist nicht verlassen worden“, schreibt etwa der Soziologe Michael Wendl von der Dienstleistungsgewerkschaft ver.di. über den Erfolg des deutschen Modells in der Krise. „Die

nischen“ Muster bewältigen. Stattdessen setzt man jetzt auf eine neue Führung und vergleichsweise drastische Sparmaßnahmen.

Beschäftigungsbrücke, die Betriebsleitung, Gewerkschaften und Unternehmerverbände, Bundesarbeitsministerium und Bundes-Arbeitsagentur gemeinsam nach dem offenen Ausbruch der Finanzmarktkrise und dem damit verbundenen drastischen Rückgang der Auftragseingänge in der Industrie gebildet haben, hat eindrucksvoll belegt, dass diese Kooperation funktioniert."

Und auch das eher arbeitgebernahe Institut der Deutschen Wirtschaft (IW) kommt zu dem Schluss: „Der rheinische Kapitalismus hat auf die Krise angemessen, flexibel, schnell und adäquat reagiert." Im Besonderen entscheidend war nach Ansicht des IW-Forschers Hans Peter Klös, dass der für den Rheinischen Kapitalismus typische „Korporatismus" auch und vor allem zwischen den Tarifparteien funktioniert hat. Sollte sich der Erfolg der Krisenbewältigung auf mittlere Sicht bestätigen, „wäre es vor allem eine Erfolgsgeschichte der Tarifparteien – vielleicht ihre größte, eine historische, die so manchen skeptischen Beobachter zu einer Neubewertung bringt." „Interne Flexibilität" lautet nach Klös das Erfolgsrezept der Unternehmen im Rheinischen Kapitalismus. „Es ist die Möglichkeit von Unternehmen, im Rahmen eines gegebenen tarifpolitischen Geflechts richtig auf den dramatischen Einsturz des Arbeitsvolumens reagieren zu können."

Der Abbau von Arbeitszeitkonten, das Anpassen der betrieblichen Arbeitszeit, natürlich auch der flexible Einsatz des vom Staat als stressmildernder Betablocker bereitgestellten Instruments der „konjunkturellen Kurzarbeit": Alles vor Ort ausgehandelt, zwischen Geschäftsleitung und Belegschaft, ohne daraus eine Grundsatzdebatte abzuleiten. Die Unternehmen, so konstatiert der IW-Forscher, haben das beispiellose Schrumpfen der Wirtschaftsleistung überwiegend intern ausgleichen können. „Die externe Flexibilität, also die Anpassung über Entlassungen und umgekehrt über schnelles Wiedereinstellen im Aufschwung – das ist in Deutschland eben viel weniger ausgeprägt als etwa in den USA." Denn: Das in Jahrzehnten aufgebaute Profil der deutschen Wirtschaft wurzelt tief in ihrer Kulturgeschichte. Korporationsgeist, verbunden mit Fortschrittsfähigkeit und Qualitätsorientierung machen den Unterschied zu anderen volkswirtschaftlichen Modellen aus.

Einen Preis allerdings hat dieser Erfolg. Die Lohnstückkosten sind in Deutschland während der Krise wieder gestiegen. Aber selbst das stimmt Ökonomen nicht prinzipiell nachdenklich: „90 Prozent der Forschung finden in der Industrie statt", sagt Klös. „Da werden die Lösungen für die Probleme der Zukunft erdacht. Und da die Welt jede Menge Probleme hat und auch in Zukunft noch bekommen wird, habe ich um die Industrie überhaupt keine Angst."

Das Internet der Dinge: Vernetzung auf rheinisch

Denn genau die intelligente und ressourcenschonende Technik, die zur Lösung dieser Probleme nötig ist, zählt zu den Stärken der deutschen Industrie und durchaus auch des Rheinischen Kapitalismus. Genau darum geht es in den nächsten Jahren – zum Beispiel beim Trendthema „Industrie 4.0". Was sich dahinter verbirgt und warum das deutsche Wirtschaftsmodell gerade bei diesem Zukunftsthema „gute Karten" hat, war im vergangenen Jahr in der „Wirtschaftswoche“ zu lesen, auch sie in der Regel nicht gerade eine Kampfblatt des Rheinischen Kapitalismus. Chefredakteur Tichy klärt in seinem Geleitwort die „lieben Leser“ über die jüngste industrielle Revolution auf: Die immer weiter voranschreitende Vernetzung von Produktionsmaschinen mit anderen Produktionsmaschinen, um sich gegenseitig sowie selbst-regulativ zu steuern.

„Schon im nahen Jahr 2020 werden weltweit 50 Milliarden Geräte Teil des Internets sein – also miteinander kommunizieren, sich austauschen, verknüpfen, voneinander lernen, beieinander bestellen oder Maß nehmen. Dadurch wird die Produktion dramatisch billiger und flexibler – an die Stelle der standardisierten Massenproduktion tritt die Einzelanfertigung, allerdings zum niedrigen Preis der Großserie“, beschreibt Tichy den neuen Trend, der seit einiger Zeit alle beschäftigt, die sich mit der Entwicklung der Industrie beschäftigen – vom Präsidenten des BDI bis hin zum fortschrittsoptimistischen Industriepolitiker Peer Steinbrück. Sie alle sehen im „Internet der Dinge“ die „vierte industrielle Revolution“ – nach Dampfmaschine, Fließband und Computerisierung.

Was nun die Rolle der Deutschen in dieser ebenso epochalen wie globalen Entwicklung betrifft, ist sich der Chefjournalist der Wirtschaftswoche sicher: „Wir haben dabei die Nase ziemlich weit vorn.“ Zwar sind und bleiben Apple, Google und Microsoft Amerikaner. „Aber“, schreibt Tichy und zitiert seinerseits die Marktforschung und die Wissenschaft, „dort, wo Soft- und Hardware Bestandteile komplexer Produkte wie Kräne, Züge, Fließbänder sind, da ist Deutschland Marktführer.

Auch eine noch nicht veröffentliche Studie des MIT, der führenden Technischen Hochschule in den USA, blickt neidisch auf die Deutschen: Die deutschen Unternehmen arbeiten in Clustern, in denen auch Unis, Fraunhofer-Institute, Verbünde und Vereine Ressourcen zur Verfügung stellen, die den amerikanischen Konkurrenten fehlen."

Cluster, Vereine und Verbünde – das sind die Schlüsselworte! „Man kennt sich. Und man hilft sich." So hat bekanntlich Konrad Adenauer den rheinischen Begriff des „Klüngelns" ins Hochdeutsche übersetzt. Zieht man aber den Beigeschmack von Korruption und Vetternwirtschaft ab, bleibt genau jener schlichte Kern übrig, um den zum Beispiel Amerikaner und Briten die Deutschen beneiden. Das heißt im vorliegenden Zusammenhang: Die Unis und Unternehmen, die Fraunhofer-Forscher und die Fabrikherren, die Verbände und die Vereine zur Forschungsförderung, sogar – so müsste man hinzufügen – Akteure aus Politik und Wirtschaft kennen sich. Und helfen sich. Allerdings, und das ist entscheidend, nicht in dem Sinne, wie Konrad Adenauer dies mitunter praktizierte. Denn, darauf hat der Historiker Martin Stankowski hingewiesen, Adenauer hat sich nicht nur für die Vertreibung von seinem Oberbürgermeisterstuhl 1933 von den Nationalsozialisten eine „Entschädigung" erstritten. Er hatte schon 1917 mit seiner Installation als OB einen eigenen Reptilienfonds bei der Stadtkasse eingerichtet, der mit Spendengeldern aus Bank- und Industriekreisen zur Alimentierung seiner Freunde und ihm nützlicher Beamter gefüttert wurde. Die demgegenüber „echt rheinische" Definition des Klüngelns stammt von einem seiner Nachfolger, dem langjährigen Kölner SPD-Oberbürgermeister Norbert Burger: „Klüngel ist nur dann rheinisch, wenn zwei sich helfen und das wiederum Dritten zugute kommt."* Allerdings: Auch Burger konnte mit dieser Klarstellung nicht verhindern, dass Ende der 1990er und Anfang der 2000er Jahre Bestechung und unterstellte Bestechlichkeit der politischen Stadtführung und der städtischen Eliten die Entwicklung der Stadt lahm legten und dass sich in der Folge die Gleichung von „Klüngel = Korruption" in den Köpfen der Menschen festsetzte. Bis heute bekommt das jeder zu spüren, der nach den Maßstäben des gesunden Menschenverstands und dem Grundgedanken der Kooperation handeln will: Weil politische Führungskräfte schwere Fehler begangen haben, bekommen nun bereits die Krankenschwester, die Lehrerin, der Hausmeister und der Müllmann die harte Hand der Korruptionsbekämpfer in der Staatsanwaltschaft zu spüren. Selbst ein Weihnachtsgruß, das kleine Dankeschön an den Klassenlehrer oder die Hebamme werden so zum Ernstfall von Transparency International. Aus der Sicht des Rheinischen Kapitalismus scheint das übertrieben und untergräbt die Kultur der Kooperation eher, als dass es sie fördert – eine Tendenz, die nicht wirklich gut in die Zeit passt. Denn: Was man beim MIT in Massachusetts „Cluster" nennt, ist eben in Deutschland eine lange geübte Disziplin und gerade heute eine besondere Stärke des Wirtschaftssystems. Für Kenner des Rheinischen Kapitalismus handelt es sich schlicht um „Korporatismus", eines der wesentlichen Merkmale dieser Spielart kapitalistischen Wirtschaftens. Kennzeichnend dabei ist, wie es der schon zitierte Wirtschaftshistoriker Abelshauser

* Franz Meurer: Im Übrigen gilt es auch beim Thema Klüngel vor allem das richtige Maß im Auge zu halten. Die rheinische Richtlinie dazu lautet: „Nix üvverdrieve" (nichts übertreiben, lat.: ne quid nimis).

beschreibt, dass „weder das Individuum noch der Staat den Ton angibt, sondern eine dichte Landschaft von Institutionen und Organisationen, deren Akteure in der Zivilgesellschaft (den hegelschen Korporationen) zwischen diesen beiden Polen zu Hause sind". Dass sich das System durchgehend eher am Prinzip „Kooperation" als am Prinzip „Wettbewerb" orientiert, hält der Wissenschaftler dabei für den entscheidenden Erfolgsfaktor. Es durchzieht und prägt das institutionelle Handeln der Unternehmen in einer Weise, die sie auch im schweren Wetter der Krise auf Kurs gehalten hat. Die Unternehmen verhalten sich kooperativ auf mindestens vier Ebenen:

Erstens: Sie kooperieren auf Branchenebene und suchen dabei nach gemeinsamen Möglichkeiten, neue Technologien und weiteren Exporterfolg zu ermöglichen.

Zweitens: Sie kooperieren mit Banken, die ihrerseits mit „geduldigem Kapital" und Netzwerkbildung langfristige unternehmerische Perspektiven ermöglichen.

Drittens: Sie kooperieren untereinander, insbesondere in regionalen Clustern. Hier bündeln Unternehmen ihre Lieferbeziehungen, erreichen so Kostenvorteile und erhöhen ihre Wettbewerbsfähigkeit auf dem Weltmarkt.

Viertens, und wie beschrieben besonders entscheidend: Sie pflegen den Geist der Kooperation auch intern, vor allem in der Sozialpartnerschaft. Denn: Das hält die Transaktionskosten der Unternehmen niedrig und nähert – ganz im Sinne von John Rawls – die Nutzenfunktionen der Arbeitnehmer (der im Unternehmen am wenigsten Begünstigten) denen der Unternehmer an.

Die gesamte deutsche Industrielandschaft ist – auch heute noch – von diesem Geist der Kooperation und der systemischen Zusammengehörigkeit geprägt. Das Wort „Verbundstruktur" etwa, im Kern eine Bezeichnung für die Organisationsweise der Produktion in der Chemieindustrie, ist nicht zufällig unübersetzbar. Auch in englischen oder anderen nicht-deutschen Texten wird das Wort in seiner deutschen Version benutzt – ähnlich wie bei „Kindergarten" oder „Rabenmutter". Das ist bezeichnend, denn für den Standort Deutschland ist diese Kultur der Zusammenarbeit ein elementarer Erfolgsfaktor. Die hochintegrierten Wertschöpfungsketten der deutschen Industrie zählen zu den wichtigsten Wettbewerbsvorteilen unserer Wirtschaft. Mit einer Wertschöpfung von 464 Milliarden Euro und einem Anteil von sieben Prozent an der globalen Industrieproduktion ist Deutschland hinter den USA, Japan und China der viertgrößte Industriestandort der Welt. Innerhalb Deutschlands ist die Industrie der wichtigste Wachstumsmotor. Sie generiert etwa 25 Prozent unseres Bruttoinlandsprodukts. Zum Vergleich: Im EU-Durchschnitt sind es nur knapp 17 Prozent, in den USA mit 13 Prozent sogar noch weniger. Während die Produktivität der gesamten deutschen Wirtschaft seit dem Jahr 2000 nur um knapp 16 Prozent zugenommen hat, stieg sie in der Industrie um 34 Prozent – mehr als doppelt so viel. Wohlhabende Regionen sind deshalb vor allem diejenigen, in denen eine starke Industrie verwurzelt ist.

Dabei schöpft die deutsche Industrie ihre Stärke aus dieser Tradition des Verbundes, besonders aus dem gesunden Mix aus Großkonzernen und Mittelstand, die in ihren Wertschöpfungsketten ebenfalls miteinander verschränkt sind. Der Mittelstand – auch das ein urdeutscher Begriff – stellt dabei den Löwenanteil: Über 90 Prozent der Unternehmen in Deutschland sind kleine und mittlere Unternehmen mit weniger als

250 Beschäftigten und einem Umsatz von weniger als 50 Millionen Euro pro Jahr. Dabei sind aber oft genau diese Unternehmen integrale Bestandteile des deutschen Industrieverbunds.

Es ist deshalb kaum verwunderlich, zu welchem Schluss eine aktuelle Studie des Instituts der deutschen Wirtschaft (IW) kommt: Unsere Wertschöpfungsketten sind für den Erfolg der deutschen Unternehmen noch immer ein Schlüsselelement. Dieser Verbund bleibt trotz Globalisierung stark, der Anteil inländischer Zulieferungen an der Industrieproduktion ist nahezu konstant, und die wichtigsten Lieferanten und Kunden sitzen für den Großteil der Unternehmen noch immer im Inland – ein Befund, der sich trotz einer zunehmend globalisierten Wirtschaft auch nur langsam ändern wird.

Aber auch innerhalb der Industrie herrscht dieser Geist von „Verbund“ und Kooperation. In der Chemiebranche etwa – darauf hat erst jüngst der Präsident des Branchenverbandes VCI, Karl-Ludwig Kley, hingewiesen – wurde seit 1971 nicht mehr gestreikt, die Löhne und Gehälter aber liegen dennoch (bzw. gerade deshalb) um rund 25 Prozent über dem Durchschnitt des verarbeitenden Gewerbes insgesamt. Und: Neben fairen Löhnen haben die Tarifpartner innerhalb eines mehrjährigen Prozesses, dem sogenannten Wittenberg-Prozess, auch zahlreiche andere Vereinbarungen ausgehandelt, die Unternehmen und Arbeitnehmern in gleicher Weise nutzen.

So verständigten sich beispielsweise die Industriegewerkschaft Bergbau, Chemie und Energie (IG BCE) sowie die Bundesarbeitgebervereinigung der Chemieindustrie (BAVC) ausdrücklich auf gemeinsame „Leitlinien für verantwortliches Handeln in der Sozialen Marktwirtschaft“. Unterzeichnet am

14. August 2008, dienen sie den Sozialpartnern als grundlegende Orientierung für ihre Zusammenarbeit. Dabei ist die Kooperation ganz bewusst breit angelegt und betrifft nicht nur klassische Themen der Tarifauseinandersetzung, etwa rund um das Thema der Lohnzahlungen. Als erste Branche überhaupt hat die Chemieindustrie durch den Wittenberg-Prozess auch zu gemeinsamen Ansätzen der Tarifpartner gefunden, wenn es um die Frage geht, wie sich die Industrie auf die zentralen Herausforderungen der Zukunft einstellen soll, insbesondere auf die Folgen der Globalisierung und auf den demografischen Wandel. Sie haben damit gemeinsam gesellschaftspolitische Verantwortung übernommen und die Grundlage geschaffen, um diese Megatrends mitgestalten zu können.

Beispiel Globalisierung: Wenn die deutsche chemische Industrie innerhalb des verschärften weltweiten Wettbewerbs um Standortqualitäten auf Dauer bestehen will, müssen an die Stelle überkommener starrer Regelungen, etwa zu Arbeitszeit und Lohnzahlungen, neue, flexiblere Lösungen treten. Gleichzeitig müssen diese Regelungen natürlich auch weiterhin den Interessen der Beschäftigten Rechnung tragen – ein Spagat, der im Detail nicht leicht zu bewältigen ist. Die Lösung der Sozialpartner, gefunden im Rahmen des Wittenberg-Prozesses: Sie haben in den Tarifverträgen die Möglichkeit der Flexibilisierung und Öffnung verankert. Das heißt: Innerhalb der Unternehmen können die Sozialpartner beispielsweise Arbeitszeit- und/oder Entgeltkorridore beschließen, um flexibel auf Herausforderungen des Marktes reagieren zu können, ohne aber unzumutbare Einbußen hinnehmen zu müssen – ein wichtiger Schritt, wie insbesondere die geschilderte Überwindung der Krise nach 2008 gezeigt hat.

Ähnlich beim Beispiel Demografie: Mit dem Tarifvertrag „Lebensarbeitszeit und Demografie“ vom 16. April 2008 entwickelten die Sozialpartner in der Chemie als erste Branche in Deutschland umfassende Antworten auf die Alterung der Gesellschaft. Denn: Bis 2030 werden dem deutschen Arbeitsmarkt 6,4 Millionen Menschen weniger als heute zur Verfügung stehen, was für die Wettbewerbsfähigkeit und die Innovationskraft der Branche eine große Herausforderung darstellt. Um die Bedeutung dieser allgemeinen Entwicklung für die einzelnen Unternehmen sichtbar und vor allem gestaltbar zu machen, gibt die geschlossene Vereinbarung den Unternehmen und ihren Beschäftigten wirksame Instrumente für die betriebliche Praxis an die Hand. Sie reichen von einer individuellen Demografie-Analyse für das einzelne Unternehmen und einem Maßnahmenkatalog für die alters- und gesundheitsgerechte Gestaltung der Arbeitsprozesse über Maßnahmen zur Qualifizierung während des gesamten Erwerbslebens bis hin zu Maßnahmen für die (Eigen-)Vorsorge und Nutzung flexibler Instrumente, um den Übergang zwischen Bildungs-, Erwerbs- und Ruhestandsphase jeweils angemessen gestalten zu können.

Darüber hinaus haben die Gewerkschaft IG BCE und der Chemie-Arbeitgeberverband BAVC zusätzliche Instrumente geschaffen, wie etwa die außertariflichen Sozialpartner-Vereinbarungen zu besonderen Themen wie Standortsicherung, Bildung oder Chancengleichheit, aber auch gemeinsame Einrichtungen wie den Chemie-Pensionsfonds (CPF), den ersten deutschen Pensionsfonds überhaupt.

Dieser zeigt am Beispiel der Altersvorsorge, wie die Wahrnehmung der Interessen der Unternehmen und Arbeitnehmer und gesellschaftliche Verantwortung Hand in Hand gehen können. Denn dank des CPF sorgen in der deutschen chemischen Industrie heute 80 Prozent der Beschäftigten tariflich für ihr Alter vor – und entlasten damit potentiell die Sozialkassen. Durchschnittlich legen sie 906 Euro pro Jahr an, um ihren Lebensstandard auch im Alter zu sichern. Dabei gilt: Jeder Vollzeit-Beschäftigte hat einen tariflichen Anspruch auf 613,55 Euro pro Jahr, die ihm sein Arbeitgeber für die Altersvorsorge zahlt. Daneben haben 70 Prozent der Chemie-Beschäftigten einen Anspruch auf eine vom Arbeitgeber freiwillig gewährte und voll finanzierte betriebliche Altersversorgung. Die aus demografischen Gründen dringend notwendige Entlastung der Sozialkassen und die Ergänzung durch kapitalgedeckte Elemente muss auf diese Weise nicht allein von den Betroffenen geleistet werden, sondern gemeinsam mit den Unternehmen – eben in Kooperation.

Die neuen Ruhigen: Gemeinsam ernten auf Chinas Acker

Auch im Mittelstand ist das rheinische Prinzip der Kooperation fest verankert und wird kontinuierlich fortentwickelt. Der niedersächsische Unternehmer Klemens Kalverkamp zum Beispiel beschreibt in seinem Buch „Miteinander ernten“ wie ein Unternehmen als solidarische Gemeinschaft höchst erfolgreich funktionieren kann. Ebenso wie zahlreiche andere „Hidden Champions“ ist auch die Grimme Landmaschinenfabrik GmbH von Klemens Kalverkamp ein hoch spezialisiertes Unternehmen und hat sich in ihrer Nische eine führende, genauer gesagt: die führende Position erobert. Kalverkamp ist Weltmarktführer bei Hackfrucht-Erntemaschinen, wie sie beispielsweise zur Kartoffelernte eingesetzt werden. An dieses Ziel hat ihn nach eigenem Bekunden vor allem eine Qualität gebracht: die konsequente Teamarbeit in seinem Unternehmen. Daraus folgt: Es haben nicht nur alle Anteil am Erfolg, sondern es bekommen auch alle einen Teil vom Erfolg, sprich: Kalverkamp zahlt über das Grundgehalt hinaus je nach Gewinn des Unternehmens einen zusätzlichen, variablen Anteil.

Aber das ist längst nicht alles: Was seine Mitarbeiter zu Höchstleistungen treibt, das ist ein ganzes Bündel von Maßnahmen, die alle zusammen genommen eine ganz spezifische Unternehmenskultur ausmachen: Das Motto „Ausbildung statt hire and fire" etwa gehört dazu, aber auch die Devise „Ingenieursdenke vor Marketingdenke". Also nicht: Wie können wir aus möglichst geringem Einsatz das meiste herausholen. Sondern: Wie können wir es besser machen? Und zwar: gemeinsam.

Wenn dann beispielsweise der Anruf eines chinesischen Kunden hereinkommt, der aufgeregt von Problemen mit seiner Kartoffel-Erntemaschine berichtet, dann setzt sich Kalverkamp kurzerhand mit einem ganzen Team seiner Leute ins Flugzeug. Auf dem chinesischen Acker gelingt es ihnen dann, das Problem zu lösen – und damit einen der wichtigsten Kunden bei der Stange zu halten: 800 Arbeitsplätze sind danach wieder ein bisschen sicherer. Und genau das ist das Ziel Kalverkamps: Ein All-Win-Unternehmen, in dem keiner der Mitarbeiter verliert. „Damit", sagt Kalverkamp, „ist ausgedrückt, was das Unternehmen der Zukunft sein wird und was es nicht mehr sein darf. Hier profitieren nicht wenige auf Kosten vieler, sondern alle mit Hilfe aller. Das ist die evolutionäre Vision des Unternehmens:

Weg vom „Jahrtausend-Irrtum des Konkurrenzdenkens, hin zu Gemeinsamkeit und kollaborativer Intelligenz; weg von autoritärer Machtausübung über die Köpfe der Menschen hinweg, hin zu einer Führung, die menschliche Bedürfnisse erkennt und befriedigt und die alle in ihrer persönlichen Entwicklung fördert – weil dann der Output jedes Einzelnen, des Teams und damit des gesamten Unternehmens deutlich höher ist.

Dass Kalverkamp mit diesen Ansätzen kein einsamer Rufer in der kapitalistischen Wüste ist, zeigt neben vielen anderen Unternehmen, die mittlerweile ähnliche Wege gehen, ausgerechnet auch eine Bank. Denn auch das Bankwesen funktioniert, aller Globalisierung der Finanzmärkte zum Trotz, zu einem nicht unerheblichen Teil noch nach Grundsätzen des Rheinischen Kapitalismus – jedenfalls dort, wo die Bank nicht an der Börse notiert ist.

Die ganze Wahrheit: Bilanz ziehen in Sachen Gemeinwohl

Bei der Kölner Bank zum Beispiel, einer der genossenschaftlich organisierten Volks- und Raiffeisenbanken, sagen die beiden Vorstände Bruno Hollweger und Klaus Müller: „Bei uns geht es nicht um monetäre Gewinnmaximierung. Das ist nicht unser Unternehmensziel." Aus dem Mund von Bankern ungewöhnliche Sätze, die sich aber in Köln möglicherweise leichter sagen. „Im Rheinland ist ein solches Konzept nicht ganz so ungewöhnlich", sagt Bruno Hollweger.

Wie Recht er damit hat, zeigt sich weniger als einen Kilometer von seinem Büro entfernt: Mitten in der Kölner Altstadt arbeitet auch die bundesweit aktive PSD-Bank nach dem genossenschaftlichen Prinzip. Und legt besonderen Wert auf gesellschaftliches Engagement. Die Bank, deren Werbegesicht Lukas Podolski ist, unterstützt nicht nur den Jugendfußball, sie unterstützte im Sommer 2013 auch das aufsehenerregende Projekt „Pänzhausen" in Köln. Die Idee: Kinder „gründen" und regieren ihre eigene Stadt. Die kleine Bürgergesellschaft, die sich täglich trifft und gemeinsam ein Dorf aus Holzhütten errichtet, muss außerdem auch einen Bürgermeister wählen, die Entscheidung über Steuern und über Arbeitslosengeld fällen, also: Gerechtigkeit (und ihre Schwierigkeit) am praktischen Beispiel selbst erproben.

Aber auch außerhalb Kölns hat sich der Rheinische Kapitalismus im Bankwesen eingenistet. Und das nicht erst seit gestern. Die Idee der Genossenschaftsbank, der sich heute alle 1100 Volks- und Raiffeisenbanken in Deutschland zugehörig fühlen, stammt aus den Frühzeiten des Industriekapitalismus. In der Mitte des 19. Jahrhunderts legten Franz Hermann Schulze-Delitzsch und Friedrich Wilhelm Raiffeisen den Grundstein für die Vorläuferorganisation der heutigen Genossenschaftsbanken mit der DZ Bank als genossenschaftlichem Finanzverbund. Die Grundidee ist damals wie heute dieselbe: Damit auch kleine Handwerksbetriebe und wenig bemittelte Privatpersonen Zugang zu günstigem Kapital haben und damit sie beispielsweise in neue Maschinen, Mitarbeiter oder Immobilien investieren und wachsen können, erhalten sie Kredite von ihresgleichen. Wenn die vielen Kleinen ihr Vermögen zusammenlegen, dann kommt auch damit eine ansehnliche Kapitalsumme zusammen, aus der das wirtschaftliche Wachstum aller Genossenschaftsmitglieder finanziert werden kann. Und zwar zu vertretbaren Zinssätzen, denn das Kapital aller soll nicht bei risikoreichen Spekulationen aufs Spiel gesetzt und möglichst vielfach vermehrt werden. Es soll vor allem sicher sein, auch wenn die Zeiten mal schlecht sind.

Bis heute ist das der Grundsatz des genossenschaftlichen Bankwesens: nicht die monetäre Gewinnmaximierung weniger Großkapitalgeber, sondern die Förderung der Wirtschaft aller Genossenschafts-Mitglieder, die zugleich auch Inhaber der Bank sind und sie selbstverwaltet führen. Rheinischer kann Kapitalismus kaum sein, denkt man. Aber in München setzt die dortige Genossenschaftsbank, die Sparda-Bank, noch eins drauf: Das Institut, bei dem derzeit rund 320 000 Sparkonten von fast 250 000 Mitgliedern (= Kunden) verwaltet werden und das 2012 einen Gewinn von über 18 Millionen Euro erwirtschaftete, zahlt nicht nur eine stattliche Dividende von 4,5 Prozent an seine Anteilseigner, die Genossen, sondern veröffentlicht seit 2011 neben der ganz gewöhnlichen Bilanz ihrer Geschäftstätigkeit auch eine Gemeinwohlbilanz. Das bedeutet: Eine Bilanz, die vor allem darüber Auskunft gibt, was die Geschäftstätigkeit der Bank der Gesellschaft und den Mitarbeitern einbringt. Dazu listet die Bilanz 17 Generalkriterien auf, die alle Unternehmensbereiche durchleuchten und sich aus einer Matrix ableiten. Auf der horizontalen Achse stehen Grundwerte wie Solidarität, Nachhaltigkeit oder Mitbestimmung, auf der vertikalen Achse sind es Gruppen, die von den Geschäften eines Unternehmens berührt werden: Lieferanten, Geldgeber, Mitarbeiter, Kunden und Anwohner.

Ein solches Koordinatensystem, wie es von Vertretern der Gemeinwohlökonomie entwickelt wurde und das in ähnlicher Form auch andere Unternehmen nutzen, wird um Kriterien ergänzt, die später bilanziert werden sollen, etwa die Einkommensspreizung. Unternehmen, in denen der Chef mehr als das 15-Fache eines einfachen Angestellten verdient, bekommen weniger Punkte als solche, in denen die Lohnspreizung geringer ausfällt. Punktabzug gibt es auch, wenn Vollzeitmitarbeiter nicht mindestens 1250 Euro netto verdienen. Um die Erwerbslosigkeit zu bekämpfen, soll Arbeit umverteilt werden: Firmen, die die durchschnittliche Wochenarbeitszeit senken und deshalb zusätzliche Leute einstellen, bekommen mehr Punkte als solche, die Überstunden machen lassen. Ein zentrales Kriterium ist außerdem die „gesellschaftliche Wirkung" von Produkten und Dienstleistungen. Betriebe, die Schmuck, Waffen oder Luxusjachten herstellen, können da nicht punkten. Betriebe, die Ökostrom, Pflegeleistungen oder günstige Medikamente anbieten, dagegen schon.

Weltweit haben neben der Münchener Sparda-Bank bis 2013 bereits rund 1200 weitere Unternehmen eine Gemeinwohlbilanz erstellt. Ob sie eines Tages, wie die idealistischsten Anhänger der Gemeinwohl-Ökonomie sich das wünschen, die herkömmlichen Bilanzen vollends ersetzen und das Gewinnstreben als Prinzip ablösen werden, mag mit guten Gründen bezweifelt werden.

Die neue Hoffnung: Das Prinzip Nachhaltigkeit

Die meisten Unternehmen werden es wohl bei der „Corporate Social Responsibility" (CSR) belassen, einer anderen Form des systematischen Engagements im Sinne gesellschaftlicher Verantwortung. Doch ganz gleich, ob CSR oder Gemeinwohlbilanz: Unter dem Oberbegriff der Nachhaltigkeit haben sich wesentliche Elemente des Rheinischen Kapitalismus, versehen mit einem neuen Etikett, in den Unternehmen halten beziehungsweise noch fester etablieren können. Denn Anspruch, das eigene Wirtschaften müsse nicht nur in ökonomischer Hinsicht erfolgreich sein, sondern eben auch in ökologischer Hinsicht und im Blick auf soziale Gerechtigkeit, weist beträchtliche Schnittmengen zu den Zielen auf, die in den Unternehmen bereits im Rahmen der „rheinischen" Wirtschaftsweise zum Standardrepertoire gehörten.

Insbesondere die auf dem „geduldigen" Kapital der Banken fußenden Geschäftsstrategien „rheinisch" geführter Unternehmen sind seit jeher eher langfristig – und das bedeutet durchaus generationenübergreifend – ausgerichtet. Aber selbst börsennotierte Unternehmen in Deutschland verfolgen in der Regel vergleichsweise langfristige Strategien und Zielsetzungen, die sie nur selten neu auftauchenden, kurzfristigen Renditezielen opfern.

Und wie die zahlreichen Nachhaltigkeitsberichte, zu denen die Unternehmen in Deutschland gesetzlich verpflichtet sind, zeigen, gelingen ihnen unter der Überschrift der Nachhaltigkeit zahlreiche Fortschritte, die mit den Gemeinwohl-Zielen des Rheinischen Kapitalismus im Einklang stehen. Die auf soziale Nachhaltigkeit angelegten tariflichen Vereinbarungen zum Umgang mit dem Demografie-Problem in der Chemieindustrie etwa oder die konstruktive Tarifpolitik der Sozialpartner wurden bereits erwähnt. Mindestens ebenso bemerkenswert ist das unternehmerische Engagement für den Klima- und Umweltschutz. Ford beispielsweise, eines der weltweit größten Unternehmen und zugleich seit 1931 auch ein „rheinisches" Unternehmen mit der Europazentrale in Köln, hat seine CO_2-Emissionen an den weltweiten Ford-Produktionsstandorten seit dem Jahr 2000 um 47 Prozent gesenkt und den globalen Wasserverbrauch allein zwischen 2011 und 2012 um 1,95 Millionen Kubikmeter.

In der deutschen Chemieindustrie, also bei Unternehmen wie der Bayer AG – beheimatet auf der Ford gegenüberliegenden Seite des Rheins in Leverkusen – oder der BASF, dem weltweit größten Chemieunternehmen 270 Fluss-Kilometer südlich, werden heute insgesamt 20 Prozent weniger Energie benötigt als noch vor 20 Jahren – und das, obwohl die Menge der hergestellten Produkte im selben Zeitraum um 60 Prozent gewachsen ist. Das heißt: Es ist also mit weniger Energieaufwand mehr entstanden – ein besonders eindrucksvolles Beispiel für angewandte Nachhaltigkeitsphilosophie ebenso wie für das rheinische Prinzip der Gemeinwohlorientierung.

Diese und viele andere, nicht genannte Beispiele zeigen, dass in Deutschland Großindustrie, Mittelstand und sogar Banken im Großen und Ganzen „rheinischer" agieren, als es vielen der dort Verantwortlichen selbst bewusst ist. Wo sie sich als liberale Marktwirtschaftler sehen und subjektiv ihren Erfolg eher dem libertären Modell anzurechnen geneigt sind, da haben in Wirklichkeit nicht selten die Tugenden des Rheinischen Kapitalismus als Steigbügelhalter des ökonomischen Erfolgs gedient: Hohes Qualifikationsniveau der Mitarbeiter, ihre bei allem Wandel noch immer hohe Loyalität gegenüber dem Arbeitgeber, sozialer Friede und als Folge all dessen ein Höchstmaß an interner Flexibilität haben dazu geführt, dass Deutschland in einer Welt der Dienstleistung und der Finanzindustrie während der vergangenen Jahrzehnte ein Land der Realwirtschaft und vor allem der Industrie geblieben ist. Das macht die Besonderheit Deutschlands aus. Und auf diesem Realitäts-Vorsprung gründen Wohlstand und Wettbewerbsvorteil der deutschen Wirtschaft. Anders aber als es derzeit oft dargestellt wird, ist dieser Vorteil im Laufe des zurückliegenden halben Jahrhunderts *nicht gegen* die Gemeinwohlorientierung des Rheinischen Kapitalismus errungen worden, sondern *mit ihr*.

Der falsche Weg: Prekäre Beschäftigung

Daran muss immer wieder erinnert werden, wenn es heute zuweilen so scheint, als diktiere die Globalisierung über den internationalen Wettbewerb de facto alternativlos eine Abwendung vom rheinischen und einen Hinwendung zum reinen Kapitalismus. Kreativität und Erfindungsreichtum der deutschen Wirtschaftsakteure in der Vergangenheit, insbesondere in jüngerer Zeit, lassen es mehr als fraglich erscheinen, ob beispielsweise prekäre Beschäftigungsverhältnisse, etwa in der Leih- und Zeitarbeit, die einzig mögliche Antwort auf die aktuellen Herausforderungen der internationalen Märkte sind.

Noch 1972 spielte diese Form der Beschäftigung in Deutschland kaum eine Rolle. Höchstens drei Monate verbrachte damals ein Leih- oder Zeitarbeiter in einem fremden Unternehmen. Dann wurde die erlaubte Beschäftigungsdauer auf Vorschlag der Arbeitgeber sukzessive immer weiter erhöht, schließlich wurde sogar jegliche Begrenzung aufgehoben, um dem Wunsch der Arbeitgeber zu entsprechen, denn sie gaben vor, in der Leiharbeit vor allem ein Instrument der Flexibilisierung zu sehen, mit dem man auf nachfrage- oder konjunkturbedingte Produktionsschwankungen kurzfristig besser reagieren könne. Genau das war auch die Idee der Schröder-Regierung: Als Brücke in ein ordentliches Beschäftigungsverhältnis, nicht als Ersatz dafür, hatte die Agenda 2010 den Arbeitsmarkt flexibilisiert und die erwähnten Bestimmungen zur Leih- und Zeitarbeit gelockert sowie die Minijobs eingeführt.

Die Entwicklung seitdem hat die Politik nun aber bewogen, auf diesen Gebieten wieder stärker regulierend einzugreifen: Die Beschäftigungsdauer für Zeit- und Leiharbeiter soll wieder begrenzt werden, und zwar auf 18 Monate. Natürlich hat das der Großen Koalition heftige Kritik von Seiten der Wirtschaft eingebracht. Gemeinsam mit den Wirtschaftsweisen spricht sie von „rückwärtsgewandter Politik“ und sieht durch die Einführung eines gesetzlichen Mindestlohns sowie die angekündigten Regulierungen Arbeitsplätze in Gefahr. Der Ende 2013 neu gewählte Arbeitgeberpräsident Ingo Kramer sah sich sogar kurz vor Erreichen des Vollbeschäftigungsziels von der Politik durch diese Maßnahmen ausgebremst.

Die Kanzlerin hingegen erinnerte ihn daran, wie es zu diesem Bremsmanöver kam: „Immer wenn wir eine Flexibilisierung eingeführt haben, ließ der Missbrauch nicht lange auf sich warten“ – ein Paradebeispiel für das labile Kräftespiel im Rheinischen Kapitalismus: Immer wieder muss die Politik neu ausloten und empirisch überprüfen, wo das freie Spiel der Marktkräfte die Grenzen des gesellschaftspolitisch vertretbaren überschreitet – und gegebenenfalls handeln.

Im Falle der Zeit- und Leiharbeit war dieser Moment im Jahre 2013 offenbar definitiv gekommen. Denn in der Zwischenzeit hat sie sich weithin zu einer standardisierten Beschäftigungsform entwickelt, bei der die Arbeitgeber dauerhaft den Kostenvorteil der günstigeren und weniger abgesicherten Arbeitnehmer nutzen. Das zeigen die Zahlen überdeutlich: Seit 1982 ist die Gesamtzahl der Leiharbeiter von 20 000 auf 822 000 gestiegen, hat sich also insgesamt vervierzigfacht!

Die sozialen Folgen einer so bewerkstelligten Wettbewerbsfähigkeit sind heute in Deutschland allerorten mit Händen zu greifen – und auf die Dauer weder moralisch tragbar noch „nachhaltig". Der häufig zu hörende Satz: „Sozial ist, was Arbeit schafft" muss also ergänzt werden: Wirklich sozial ist nur, was *gute* Arbeit schafft.

New Orleans liegt nicht am Rhein. Afrika schon. Wie Arm und Reich in guter Gesellschaft leben

Mit dem Feuer kam das Chaos. Als im August 1973 auf der britischen Isle of Man plötzlich der große Hotelkomplex Summerland in Flammen stand, liefen die Menschen in den weitläufigen Fluren und Räumen des Gebäudes um ihr Leben. Behindert von Hitze und dichtem Rauch suchten sie nach Ausgängen. Viele fanden den Weg nach draußen, doch nach der Katastrophe war klar: 51 Menschen hatten den Brand nicht überlebt, viele hundert wurden mit Verletzungen in die umliegenden Krankenhäuser eingeliefert.

Eher durch einen Zufall hat später ein Psychologe die Vorgänge während des Brandes genau untersucht. Er sprach mit über 180 Überlebenden und machte eine erstaunliche Entdeckung: Menschen, die sich gemeinsam mit Familienangehörigen in dem Hotel aufgehalten hatten, überlebten häufiger, als Menschen, die entweder allein in dem Hotel zu Gast waren oder mit Freunden. 67 Prozent der Familien hatten sich gemeinsam gerettet, aber nur 25 Prozent der Freunde waren zusammen geblieben. Die zu erwartende Tendenz, dass unter den Bedingungen einer Panik jeder sich selbst der Nächste ist, bestätigte sich nur in den Freundesgruppen. Die Familien hingegen verwandten viel riskante Zeit darauf, vor einer Flucht möglichst alle Mitglieder vollständig zu versammeln, was zumeist selbst über große Entfernungen hinweg auch gelang. Unter dem Strich, so folgert der Publizist Frank Schirrmacher über das Unglück, „war diese Langsamkeit zwar eine Schwäche der Familien. Ihre Stärke war hingegen, dass jeder einzelne sich darauf verlassen konnte, mitgenommen zu werden. Die Schwäche der Freundesgruppe hingegen war es, dass sie alle zu Einzelkämpfern wurden. Ihre Stärke, dass sie nach unorthodoxen Fluchtwegen gesucht und diese auch gefunden hatten."

Das heißt: Wenn es hart auf hart kommt, machen sich verlässliche Bande der Gemeinschaft bezahlt. Und zwar nicht nur graduell, sondern existentiell: Für alle, die Teil dieser Gemeinschaft sind, bedeutet sie einen handfesten Überlebensvorteil. Das mag man für einen Effekt in der Mikroorganisation „Familie" halten. Er wiederholt sich aber in ganz ähnlicher Weise für größere Verbände. Der amerikanische Evolutionsbiologe, Physiologe und Biogeograf Jared Diamond wollte wissen, wie es eigentlich kommt, dass einstmals stolze Hochkulturen wie die der Mayas oder die der Polynesier auf den Osterinseln eines Tages von der Bildfläche der Geschichte verschwanden und welche Lehren wir daraus ziehen können. In seinem viele hundert Seiten starken Buch „Kollaps" geht er dieser Frage durch alle Weltgegenden und Epochen nach. Und eine Antwort, die Diamond neben anderen auf seine Frage findet, lautet: Kulturen gehen unter, wenn ihnen ein Mindestmaß an Gemeinsinn abhanden kommt und wenn stattdessen Einzelinteressen – etwa die übersteigerten Repräsentationsinteressen der Herrscher (der Fall der Osterinseln) überhand nehmen.

Auch in unseren Tagen kann Diamond entsprechende Tendenzen ausmachen – zum Beispiel in den USA. Als man zum

Beispiel Ende der 1990er Jahre in New Orleans das Thema Hochwasserschutz diskutierte, wurde schnell klar: Die bisherigen Schutzmaßnahmen sind nicht mehr ausreichend. Neue Technologie gegen mögliche Überschwemmungen aber kostete Geld, viel Geld. Genau gesagt 20 Millionen Dollar. So jedenfalls lautete der Kostenvoranschlag eines Regierungsausschusses für den neuen Hochwasserschutz. Diesen Preis wollte man damals nicht zahlen. Einer der Gründe war: In den vom Hochwasser gefährdeten, tief liegenden Bezirken der Stadt lebten traditionsgemäß die ärmeren Familien, vor allem die Nachfahren der Südstaaten-Sklaven mit einem hohen Anteil an Arbeitslosen, mit hoher Kriminalitätsrate und nur kleiner politischer Lobby.

Die politischen Entscheidungsgremien hingegen wurden und werden dominiert von weißen Vertretern der Mittel- und Oberschicht. Deren Mitglieder wohnen meist nicht in hochwassergefährdeten Gebieten. Sie kennen das Risiko, wenn überhaupt, nur theoretisch, vom Hören-Sagen. Das, so Diamond, macht einen dramatischen Unterschied. Wenn die ökonomische und politische Elite abgeschottet lebt von den Problemen der „übrigen" Welt, so wie das klischeehaft etwa in Beverly Hills/Los Angeles zu beobachten ist, wo sich hinter hohen Hecken und Mauern ganze Wohn- und Landschaftsparks erstrecken, die als privates Gelände von der Außenwelt abgeschottet sind, dann geht „denen da oben" tatsächlich jeglicher Kontakt zu den bedrückenden Realitäten verloren, auch wenn die manchmal nur wenige hundert Meter entfernt sind. Schon am Vorabend der Französischen Revolution soll dieser Beverly-Hills-Effekt eine große Rolle gespielt haben. Damals soll die französische Königin Marie Antoinette auf die Vorhaltung, die Armen könnten sich nicht einmal mehr ein Brot leisten, geantwortet haben: „Dann sollen sie eben Kuchen essen." Nicht nur in Paris, wo die Königin kurze Zeit später enthauptet wurde, auch in New Orleans hat sich gezeigt, welche Folgen der Beverly-Hills-Effekt hat: New Orleans, wie es einmal war, gibt es nicht mehr. Und um es halbwegs wieder aufzubauen, wurden mindestens drei Milliarden Dollar aufgewendet.

Dass es auch anders geht, beweisen laut Diamond die „rheinischen" Niederlande: Dort ist die existentielle Bedrohung durch Hochwasser seit Jahrhunderten eine Realität, der sich niemand entzieht. Spätestens seit der großen Flut von 1953 – damals wurden große Teile des Landes von der Nordsee überspült, 2000 Tote waren zu beklagen, Reiche wie Arme – weiß jeder Niederländer: Die existentielle Bedrohung betrifft jeden einzelnen Bürger. Heute schützt deshalb eine gigantische Kette von Gezeitensperrwerken das vergleichsweise kleine Land vor den Wassermassen. Das viele Milliarden Euro teure Bauvorhaben war über Jahrzehnte ein nationales Großprojekt, der ganze Stolz nicht nur der niederländischen Wasseringenieure, sondern des ganzen Landes. Jedes Grundschulkind in Holland kennt die gigantischen Anlagen und die Geschichte ihrer Errichtung.

Der Mensch: Ein Naturtalent für Kooperation

Der Unterschied zu New Orleans und die Gemeinsamkeit mit dem Familien-Effekt beim Hotelbrand liegen auf der Hand: Mehr Gemeinschaftssinn bedeutet mehr Sicherheit für alle.

Man könnte sagen: Starke Gemeinschaften haben einen evolutionären Vorteil. Sie profitieren existentiell von ihrem Zusammenhalt und dem Geist der Kooperation, der sie trägt. Oder noch einfacher: Wer Zusammenhalt wichtiger findet als Wettbewerb, lebt länger.

Ist das nun eine moralisch besonders anspruchsvolle Einsicht, der man im richtigen Leben nur dann praktisch folgen kann, wenn man die eigenen Interessen, Neigungen und Bedürfnisse hintanstellt, also eher eine Sache für Nonnen und Mönche, die große persönliche Opfer für ihre Gemeinschaft bringen? Nichts spricht dafür.

Das „Prinzip Kooperation" ist in der menschlichen Natur vielmehr ebenso angelegt wie das „Prinzip Wettbewerb". Der deutsche Publizist Richard David Precht hat darauf zuletzt am lautesten hingewiesen. In seinem Buch „Von der Kunst, kein Egoist zu sein" zitiert er seitenweise die Ergebnisse insbesondere der Naturwissenschaft, um dies zu verdeutlichen. Selbst Schimpansen, unsere wohl engsten Verwandten im Tierreich, zeigen bei aller Neigung auch zu Streit und Konkurrenz deutliche Tendenzen zum kooperativen Verhalten. Und auch für die Menschen selbst liegen beeindruckende Ergebnisse vor: So führten Forscher Versuchsreihen durch, bei der zwanzig Monate alte Kleinkinder in drei Gruppen eingeteilt wurden. Alle Kinder wurden um kleine Gefallen gebeten, etwa darum, einen Gegenstand aufzuheben, der zuvor zu Boden gefallen war. Aber: Während die ersten beiden Gruppen für ihre Hilfsbereitschaft entweder gar keine Belohnung erhielten oder – im Falle der zweiten Gruppe – nur ein mündliches Lob, wurden die Kinder der dritten Gruppe für ihr vorbildliches Verhalten mit einem Spielzeug belohnt. Wiederholte man nun den Ablauf, verzichtete aber auf die Belohnung, ergab sich schon nach kurzer Zeit das befürchtete Bild: Die Kinder aus der Spielzeuggruppe stellten ihre Hilfsbereitschaft sofort ein, wenn die Belohnung wegfiel.

Versuche wie dieser zeigen: Es ist nicht „die Natur“ des Menschen allein, die ihn zum Wettbewerb treibt. Es sind die Belohnungssysteme, die ihn zum eher konkurrierenden denn kooperierenden Wesen „erziehen“.

Aber selbst das ist nicht von vornherein beklagenswert: Ebenso wie mit anderen Ambivalenzen muss der Mensch eben auch mit dieser gleichzeitigen Neigung zu Konkurrenz und Kooperation umgehen lernen. Ebenso wie bei allen anderen Fragen von Fortschritt und Bewahrung, von Lustbefriedigung und Pflichterfüllung, von Gut und Böse, muss die Entscheidung für oder gegen eine Seite immer wieder aufs Neue erfolgen, muss in Einzelfällen geprüft und erwogen werden. Sie ist, mit anderen Worten, eine permanente Anforderung an das sittliche Urteilsvermögen des Einzelnen. Wo das Kind noch spontan entscheidet, kann und muss der erwachsene Mensch ein bewusstes Urteil fällen. Er kennt mehr als eine Möglichkeit. Er hat die Wahl.

Und das gilt natürlich auch für die Frage, wie wir die Gesellschaft insgesamt einrichten wollen; ob wir uns – um im Bild der Versuchsreihe zu bleiben – bücken, um aufzuheben, was anderen entglitten ist; ob wir uns also durchaus auch einer Unbequemlichkeit beugen, um anderen zu helfen, die unserer Hilfe bedürfen; oder ob wir nach dem Motto „Jeder ist seines Glückes Schmied“* eher darauf verzichten und uns vor allem

* Jochen Ott: Franz Müntefering pflegte an dieser Stelle immer zu ergänzen: „Aber nicht jeder Schmied hat Glück.“

darauf konzentrieren, wie wir jeweils als Einzelne möglichst gut vorwärts kommen: „Jeder muss sehen, wo er bleibt."

Die Folgen einer solchen Einstellung sind mittlerweile auch in den Ländern des Rheinischen Kapitalismus immer häufiger zu besichtigen. Allerdings schaut nicht jeder hin.

Seitenwechsel: Faire Chancen für die „schäl Sick"

Wer etwa mit dem Schiff auf dem Rhein unterwegs ist und bei Flusskilometer 687,5 das Kölner Altstadtpanorama samt Dom passiert, dessen Blicke gelten natürlich diesem einzigartigen, von der UNESCO zum Weltkulturerbe erklärten Ensemble aus weltlicher und vor allem sakraler Architektur, die dort doppelspitzig in den Himmel ragt. Und auf dieser, der „richtigen", der linken Rheinseite ist die Welt so weit das Auge vom Rhein aus sehen kann, ja auch tatsächlich noch halbwegs intakt. Ganz anders aber sieht das auf der „schälen", der rechten Seite des Rheins aus. Wer sich an Bord des Ausflugsschiffes umdreht, der wird zwar auch dort zunächst nur die schmucke Fassade des Hyatt-Hotels erblicken sowie neuerdings, gleich unterhalb des Hotels, eine imposante, 23 Millionen Euro teure Freitreppe.

Nicht weit dahinter aber beginnt der in einem bekannten Kölner Karnevalslied besungene „Dschungel". Dort, wo in der ersten Hälfte des 19. Jahrhunderts die Industrialisierung Kölns begann, wo Nikolaus Otto den Viertaktmotor erfand und der Sozialdemokrat August Bebel das Licht der Welt erblickte, wo für viele Jahrzehnte die „Chemischen Fabriken Kalk" mit ihren Schornsteinen das wenig anheimelnde Bild bestimmten, dort sind auch heute noch Stadtteile zu finden, deren Bewohner man nur höchst selten an Bord eines Ausflugsschiffes auf dem Rhein antreffen wird. Denn schon ein einzelnes Familien-Ticket für 23 Euro ist für die meisten unerschwinglich.

Das Stadtviertel Höhenberg/Vingst im rechtsrheinischen Köln galt lange als „Viertel mit Erneuerungsbedarf", früher weniger vornehm als „sozialer Brennpunkt" bezeichnet. Hier ist die Arbeitslosigkeit doppelt so hoch wie im Durchschnitt Kölns, bei den Menschen mit Migrationshintergrund noch einmal fast doppelt so hoch. Höhenberg/Vingst ist in Köln das Viertel mit der höchsten Überschuldung. Über 20 Prozent der Menschen über 18 Jahre können hier ihre Schulden nicht begleichen. Noch vor 25 Jahren ging es in den meisten im Kölner Osten gut. Der Arbeiterbezirk Kalk, zu dem Höhenberg/Vingst gehört, hatte einst den umsatzstärksten Kaufhof in ganz Deutschland. Im Jahre 2013 wurde die Filiale geschlossen.

Der Hintergrund des Abstiegs: Im Laufe der zurückliegenden Jahre sind im rechtsrheinischen Köln einige tausend Arbeitsplätze weggefallen, komplette Firmen verschwunden oder auf Zwergengröße geschrumpft. Viele der früheren Firmennamen kennt noch heute zumindest jeder ältere Mensch im Rheinland: Deutz, Fahr, KHD, Liesegang, Hagen-Batterien, Felten und Guilleaume, Ronson-Feuerzeuge oder die Chemischen Fabriken Kalk. Allein bei der letztgenannten Adresse gingen von 1959 bis 1993 über 2400 Arbeitsplätze verloren, die KHD baute seit 1983 fast 4000 Arbeitsplätze ab. Mit der immer weiter gestiegenen Arbeitslosigkeit, insbesondere der Dauerarbeitslosigkeit, gerieten immer mehr Menschen ins soziale Abseits. Denn das Schlimmste an der Arbeitslosigkeit ist für viele Menschen die bittere Erkenntnis, nicht mehr gebraucht zu werden. Nicht selten führt sie zur Verwahrlosung. Insbesondere Männer flüchten recht schnell in den Alkohol, die „Erziehung“ der Kinder findet vor dem Fernseher bei Dauerbetrieb statt.

Zusammenhalt innerhalb der Familie findet sich dennoch: Insbesondere die wegen des günstigen Wohnraums in hoher Zahl zuziehenden Menschen mit Migrationshintergrund bilden starke soziale Strukturen in den Familien aus. Insgesamt haben in Höhenberg/Vingst 76,3 Prozent der Kinder unter sechs Jahren einen Migrationshintergrund (Köln insgesamt: 48 Prozent), überproportional viele Schülerinnen und Schüler verlassen hier die Schule ohne Abschluss.

Tatsache ist natürlich auch, dass es diese andere Seite des Rheins nicht nur in Köln gibt. Im Ruhrgebiet, in den strukturschwachen Landstrichen Brandenburgs, in Berlin-Neukölln und sogar in München-Riem oder -Hirschgarten bietet sich ein ähnliches Bild. Auf einer Übersichtskarte, die Zentren der Arbeitslosigkeit in Deutschland verzeichnet, bilden all diese Orte dunkelrote Punkte. Sicher: Insgesamt ist die Arbeitslosigkeit auf einen historischen Tiefstand gesunken. Die Zahl der Gegenden aber, in denen sie besonders grassiert, hat zugenommen. Und auch dort, wo die Arbeitslosigkeit weniger dramatische Ausmaße hat, ist die Zahl der „working poor“ deutlich gestiegen. Rund acht Millionen Menschen arbeiten mittlerweile in Mini-Jobs, in der Leiharbeit oder auf befristeten Stellen im Niedriglohnsektor (siehe dazu Seite 140–142). Das ist ein Zehntel der Gesamtbevölkerung und fast ein Fünftel der aller Berufstätigen.

Und immer mehr von ihnen können von ihrer Arbeit allein nicht leben – geschweige denn ihre Familien: Der jüngste Landessozialbericht NRW (2013) stellt fest, dass im bevölkerungsreichsten Bundesland jedes fünfte Kind in Armut lebt. Gerade alleinerziehende Frauen sind in Deutschland vom Armutsrisiko überproportional stark betroffen. Die Mutter von vier Kindern etwa, von ihrem Ehemann verlassen, arbeitet zwar Vollzeit als Altenpflegerin, benötigt aber dennoch Hartz-IV-Unterstützung, weil ihr Verdienst zu gering ist. Sie ist also dreifach belastet: Durch knappes Einkommen, die Sorge für vier Kinder und sie muss aufpassen, dass sie gegenüber dem Job-Center keinen Fehler macht, weil ihr sonst die Aufstockung gestrichen wird.

Deshalb gilt: Wer wirklich wissen will, wie es um die soziale Realität im Land bestellt ist, der darf sich mit der Betrachtung einzelner Kenndaten, wie etwa der Arbeitslosenquote, nicht zufrieden geben. Insbesondere politische Entscheidungsträger müssen sich im Rheinischen Kapitalismus vielmehr an der Gesamtentwicklung orientieren. Und die zeigt seit der Liberalisierung des Arbeitsmarktes eher in Richtung Polarisierung.

Scherenschnitt: Und sie öffnet sich doch!

Die Gesamtzahl der Arbeitslosen ist zwar niedriger als je zuvor seit der Wiedervereinigung, aber diejenigen, die es trifft, trifft es häufig ziemlich hart. Gleichzeitig ist auch das Gegenteil richtig: Wenn es gut läuft, dann läuft es immer öfter auch gleich richtig gut. Nie zuvor hat es in Deutschland mehr Millionäre gegeben. Die Zahl der Bundesbürger, die über Bargeld oder Sachwerte in Höhe von mindestens einer Million Dollar verfügen, sei stark gewachsen, heißt es in einer Studie der Schweizer Großbank Credit Suisse von 2013. Seit Mitte 2012 seien 221 000 Menschen hinzugekommen; insgesamt lebten in Deutschland nun gut 1 735 000 Dollar-Millionäre.

Insgesamt nimmt Deutschland im internationalen Vergleich eine mittlere, innerhalb des Euro-Raums allerdings die zweithöchste Position bei der Vermögensungleichheit ein. Schon 2007 besaßen nach verschiedenen Berechnungen des Deutschen Instituts für Wirtschaftsforschung die reichsten zehn Prozent der Bevölkerung ab 17 Jahren zwischen 61 und 66 Prozent des Gesamtvermögens, die reichsten 0,1 Prozent (etwa 70 000 Personen) mit 1627 Milliarden Euro fast ein Viertel des Gesamtvermögens. Die ärmere Hälfte der Bevölkerung (etwa 35 Millionen Personen) hingegen besaß mit 103 Milliarden Euro nur 1,4 Prozent des Gesamtvermögens und damit weniger als die zehn reichsten Deutschen (113,7 Milliarden). Mehr als zwei Drittel der Bevölkerung hatten 2007 kein oder nur geringes Vermögen.

Wie passt da die Diagnose der Wirtschaftsweisen ins Bild, die viel zitierte Schere zwischen Arm und Reich gehe in Wirklichkeit gar nicht weiter auseinander? Es handele sich vielmehr um einen argumentativen Mythos, aufgebaut von jenen, die nach Gründen suchen, um ihrer Lust an der Umverteilung frönen zu können. Das sieht einer der fünf Wirtschaftsweisen anders. Peter Bofinger, gewerkschaftsnaher Volkswirt, macht in seinem Sondergutachten zum Jahresgutachten 2013 darauf aufmerksam, dass die Ergebnisse in der Statistik natürlich wie immer davon abhängen, was gemessen wird. Und bei der Frage, ob und wie sich die Ungleichheit in Deutschland entwickelt, misst Bofinger mit anderem Maß als seine vier Kollegen.

Zunächst einmal geht es beim Jahresgutachten des Sachverständigenrates nicht um die Ungleichverteilung bei Vermögen, sondern bei Einkommen, das prinzipiell weniger ungleich verteilt ist. Innerhalb dieser Betrachtung messen die Mehrheits-Wissenschaftler das Markteinkommen und das Haushaltsnettoeinkommen, also die Einkünfte der Haushalte vor und nach staatlichen Abgaben und ziehen zur Messung der dabei beobachteten Ungleichheiten den sogenannten Gini-Koeffizienten heran, der zunächst einmal tatsächlich ein gebräuchliches Mittel darstellt, um die genannte Frage zu beantworten: Wie sind die Einkommen in einer Gesellschaft verteilt? Der Gini-Koeffizient wird als Zahl zwischen 0 und 1 angegeben. Ein Gini-Koeffizient von 1 repräsentiert dabei die absolute Ungleichverteilung (eine Person besitzt alles, alle anderen nichts), 0 bedeutet hingegen eine absolute Gleichverteilung (alle Personen besitzen das gleiche Vermögen). Das heißt: Je höher der Koeffizient ausfällt, umso größer sind die Unterschiede zwischen Arm und Reich in einem Land. Auf dieser Basis weist die Statistik für Deutschland 2012 einen Gini-Koeffizienten von 0,288 aus – geringfügig höher als 1991, aber niedriger als im Jahre 2005. Im europäischen Vergleich liegt Deutschland damit im Mittelfeld, nur die nordischen Länder sowie Luxemburg, Belgien und Österreich weisen noch niedrigere Werte auf. „Insgesamt", so die Wissenschaftler, „zeigen diese Werte der Gini-Koeffizienten, dass Deutschland über ein funktionierendes Umverteilungssystem verfügt."

Täuscht also der subjektive Eindruck zunehmender Armut, der sich ja geradezu aufdrängt, wenn man zum Beispiel im Bahnhofscafé sitzt und beobachtet, wie viele Menschen den Mülleimer durchsuchen, der draußen vor der Tür steht? Fast minütlich kommt jemand vorbei. Und es sind längst nicht mehr nur offensichtlich Obdachlose, die dort nach Pfandflaschen oder Essbarem suchen. Es sind immer öfter auch Menschen in unauffälliger Kleidung, die sich verschämt umschauen, bevor sie eine Getränkedose in ihre Sammeltüte stecken. Oder was ist mit den Schlangen von Menschen, die sich seit einigen Jahren vor den Essensausgabe-Stellen der kirchlichen Sozialdienste sammeln. Die hat es vor zehn Jahren nicht gegeben. Mittlerweile werden die Schlangen wöchentlich länger. Jede Woche erhalten allein von der Kirche Sankt Theodor in Höhenberg/Vingst etwa 400 Menschen Lebensmittel. In den Kleiderkammern für Kinder und Erwachsene bedienen sich jede Woche an die 100 Menschen. Zusätzlich werden dort pro Jahr gut 500 reparierte Gebraucht-Fahrräder verschenkt. Und ältere Jugendliche haben in einem großen Lagerraum unterhalb der Kirche die Möglichkeit, einen Führerschein für Gabelstapler zu machen – für viele mittlerweile die einzige offizielle Qualifikation mit Nachweis, wobei der Gabelstapler Eigentum der Gemeinde ist, und die Fahrlehrer auf eigene Kosten extra für die Kurse anreisen.

Sollten sich alle diese Beobachtungen und Entwicklungen tatsächlich „in den Daten nicht entdecken lassen?“

Nun, das kommt auf die Daten an. Peter Bofinger etwa kritisiert am Befund seiner Kollegen zum einen, dass sie die relative Entwicklung im internationalen Vergleich zu wenig beachten. Denn die Einkommensungleichheit bei den Markteinkommen hat in Deutschland zwischen Mitte der 1990er und Ende der 2010er Jahre stärker zugenommen als in den meisten anderen OECD-Staaten. Nur in Italien und Japan fiel die Spreizung noch stärker aus. Wichtiger aber als dieser Hinweis auf die relative Einordnung ist Bofingers Hinweis auf die Datengrundlage zur Erhebung des Gini-Koeffizienten: „Grundsätzlich dürfte sich bei dem auf Befragungen basierenden Gini-Index nämlich das Problem ergeben, dass die Bezieher höherer und hoher Einkommen, die von den Entwicklungen der Einkommen wie der Besteuerung in den vergangenen Jahrzehnten begünstigt worden sind, nur bedingt bereit sein dürften, einen Einblick in ihre tatsächliche Einkommensentwicklung zu geben."

Hinzu kommt, dass auch die Betrachtung der sogenannten funktionalen Einkommensverteilung ein anderes Bild ergibt: Der Anteil der Arbeitnehmergehälter am gesamten Volkseinkommen in Deutschland nämlich lag zuletzt bei nur 66,4 Prozent. Im Durchschnitt der Jahre 1991 bis 2003 jedoch lag er relativ stabil bei 71 Prozent. Im selben Zeitraum haben sich die Reallöhne nach unten entwickelt. Bofinger: „Insgesamt ist die Lohnentwicklung seit der deutschen Einheit deutlich hinter dem zurückgeblieben, was möglich gewesen wäre. Besonders ausgeprägt war die sogenannte Lohnmoderation, also die eher zurückhaltenden Forderungen der Gewerkschaften, in den Jahren 2000 bis 2007. Hier ist es trotz deutlich steigender Produktivität sogar zu einem Rückgang der Realeinkommen gekommen."

Alles in allem spricht einiges dafür, dass die ausschließlich anhand des Gini-Koeffizienten gemessene Veränderung der Einkommensstruktur die tatsächliche Entwicklung der

Ungleichheit eher unterzeichnet. Zusammen mit anderen Experten kommt Bofinger deshalb zu dem Schluss, dass „in Deutschland in den letzten Jahrzehnten durchaus ein deutlicher Anstieg der Lohnungleichheit zu beobachten ist, der sich bis zum Beginn der 1990er Jahre auf den oberen Bereich der Lohnverteilung beschränkte und sich seitdem kontinuierlich sowohl im oberen als auch im unteren Bereich der Lohnverteilung fortsetzt."

Andere Faktoren, die die Ungleichheit weiter begünstigen, kommen hinzu: So verlassen acht Prozent der jungen Menschen in Deutschland die Schule ohne Abschluss. Und nur 1,6 Prozent der Förderschüler schaffen es direkt nach der Schule in eine Lehrstelle. Und wie sollen zum Beispiel acht Millionen funktionale Analphabeten in Deutschland – mit zehn Prozent der Bevölkerung keine Randerscheinung – an der politischen Willensbildung teilhaben? In den Worten des schon zitierten Politikwissenschaftlers Thomas Meyer: Die „Realwirkung" der Grundrechte wird eingeschränkt, die Bedingungen zur Verwirklichung eines positiven Freiheitsbegriffs sind für immer mehr Menschen immer weniger gegeben – mit den bekannten Gefährdungsfolgen für die demokratische Ordnung insgesamt.

Eigenbedarf: Teilhabe selbst organisieren

Weil das so ist, ist an dieser Stelle auch in erster Linie die Politik gefordert, mit den richtigen Weichenstellungen für Abhilfe zu sorgen, den Trend zu verändern und insbesondere die weitere Privatisierung sozialer Lebensrisiken zu verhindern (siehe dazu

Seite 70 ff.). Zum Selbstverständnis der Bürger im Rheinischen Kapitalismus gehören aber auch, wie bereits erwähnt, Eigeninitiative, praktische Solidarität und konkrete Hilfe zur Selbsthilfe im Sinne des Subsidiaritätsprinzips. Es besagt, dass für die konkrete Hilfe gegenüber dem Notleidenden in aufsteigender Reihenfolge immer die nächst höhere Stufe der Gemeinschaft aufkommen soll, beginnend mit der Familie, gefolgt von Freunden, gefolgt möglicherweise von der Schule oder dem Arbeitgeber, der Gemeinde, dem Viertel, der Stadt und erst am Ende dem Staat. Zwar ist das in modernen Gesellschaften schwierig, weil den kleineren Institutionen angesichts der Fülle von Problemen schnell die „Puste ausgehen" kann. Nichtsdestotrotz kann beispielsweise die konkrete Sozialarbeit in einem Stadtviertel Vieles zum Besseren wenden. Dafür muss sie vor allem eines leisten: Sie muss Teilhabe organisieren.

Wenn etwa der öffentliche Raum in den schon erwähnten Brennpunkt-Stadtteilen Köln-Höhenberg und Vingst zusehends verwahrlost, dann wirkt eine schlichte Verschönerungsaktion wahre Wunder: Seit über zehn Jahren schon engagieren sich viele Menschen für ein schöneres Viertel – darunter zahlreiche Langzeitarbeitslose, aber auch Rentner und Jugendliche –, die überall im Viertel Blumenbeete anlegten und dann auch pflegten. Die Botschaft: „Wir gestalten unsere Lebenswelt, soweit es in unserer Macht steht, selbst mit. Wir übernehmen Verantwortung und identifizieren uns mit unserem Viertel."

Als Folge dieser Aktion traten immer mehr Bürger des Viertels selbst aktiv gegen Umweltverschmutzung und Vandalismus ein. Die Menge derjenigen, die entweder selbst Blumenbeete gepflanzt hatten oder persönlich jemanden kannte, der sich bei der Aktion eingesetzt hatte, wuchs beträchtlich. Und natürlich liegt die Hemmschwelle zur Verschmutzung oder gar Zerstörung einer anonymen Grünfläche deutlich niedriger, als wenn man – und sei es mittelbar – mit den „Machern“ der Fläche persönlich verbunden ist. In der Adventszeit hängen an 130 Straßenlaternen Weihnachtssterne. 40 Tannenbäume entlang der Straße schmücken den Weg zu Kindergärten und Schulen – alles ehrenamtlich!

Ganz ähnlich funktioniert das System bei den Ferienfreizeiten, die in jedem Sommer direkt vor der Haustür im sogenannten HöVi-Land, einer großen Ferienstadt, von der katholischen und evangelischen Gemeinde gemeinsam angeboten werden: Für einen Beitrag von nur 15 Euro kann hier jedes Kind Ferien machen, dessen Eltern sich keinen Urlaub leisten können. Wer auch die 15 Euro nicht zahlen kann, darf umsonst mitmachen. Fast 600 Kinder kommen jeden Sommer.* Der Clou an der Sache: Die zahlreichen Leiter und Helfer, die für die Realisierung eines solchen Projektes notwendig sind, derzeit über 100 Jugendliche und 150 Erwachsene, rekrutieren sich über die Jahre aus den teilnehmenden Kindern und Jugendlichen selbst. Vielfach erleben junge Menschen auf

* Jochen Ott und Franz Meurer: Als das Ganze vor 20 Jahren begann, trafen sich der damalige Kaplan Ansgar Puff – heute Kölner Weihbischof – und der Zivildienstleistende Jochen Ott am vorgesehenen Ort mit dem damaligen Bezirksjugendpfleger der Stadt. Man plauderte über die Idee und der städtische Bedienstete freute sich, dass es für 60 Kinder vor Ort ein neues Angebot geben würde. Die beiden anderen sahen sich erstaunt an. Unter 400 würde man gar nicht erst anfangen zu planen. Sie behielten Recht, es war die Geburt einer echten „Stadtmittendrinerholung“ anstelle einer bis dahin modernen Stadtranderholung im Bergischen Land.

diese Weise, wie sie aus einer Position der Hilfsbedürftigkeit und Unscheinbarkeit in eine Position der Mit-Verantwortung und -Gestaltung aufrücken. Und das bindet sie nicht nur an die Gemeinschaft, sondern auch an ihre Regeln: Wer Leiterin oder Leiter im HöVi-Land ist und es bleiben will, sollte sich bei Vandalismus oder Kriminalität im Viertel nicht erwischen lassen. Dieses „System Teilhabe“ funktioniert: Die Zahl der Raubüberfälle in Höhenberg und Vingst ist seit 2008 von 27 auf nur noch fünf zurückgegangen – ein Minus von über 80 Prozent!

Ähnliche Erfolge gibt es in puncto Ausbildung. Denn um auch Schulabbrecher oder schlecht vermittelbare Hauptschüler in Ausbildungsplätze zu vermitteln, haben die ideenreichen HöVi-Macher in die Trickkiste des klassischen Marketings gegriffen und rühren die Werbetrommel für ihre Kandidaten. Besser gesagt: Die Kandidaten rühren selbst. Die Erwachsenen verhandeln nur mit dem Außenwerbungsunternehmen, hier die Firma Ströer, und bekommen von diesem gerne kostenlosen Platz auf großen Werbetafeln.

Diesen Platz nutzen die Jugendlichen, die auf der Suche nach einer Ausbildung sind, um sich der Öffentlichkeit und potentiellen Arbeitgebern mit selbstgemachten Motiven vorzustellen: Großes Porträt-Foto, dazu ein paar Zeilen über Biografie, besondere Fähigkeiten oder Wunschberuf („Ich heiße Nathalie, bin 16 Jahre alt, habe drei Schlangen zuhause und kümmere mich um sie. Ich bin sehr zuverlässig.“) und schon wird aus dem vermeintlichen Underdog ein Plakat-Star. Das ist nicht nur gut fürs Selbstbewusstsein, es funktioniert auch – ebenso wie die selbstgemachten Bewerberbücher: Schülerinnen und Schüler stellen sich dabei zu Beginn der Abschlussklasse jeweils auf einer Seite selbst im Profil dar, berichten über ihren Berufswunsch, bisherige Praktika, Stärken, Sprach- und EDV-Kenntnisse und natürlich auch über ihre Hobbies. Eine Spalte schildert außerdem, was sie in fünf Jahren erreicht haben wollen und oben auf der Seite ist ein Foto zu sehen, das ein Profi-Fotograf aufgenommen hat. Für die Teilnahme am Bewerberbuch melden sich die Jugendlichen freiwillig und schon der Prozess der Zusammenstellung der persönlichen Seite ist ein guter Weg der Selbsterfahrung. Viele merken zuweilen erst durch diese Vorbereitung, was sie eigentlich alles können, zum Beispiel die Sprachenvielfalt bei Schülerinnen und Schülern mit Migrationshintergrund: Türkisch etwa als Muttersprache, Englisch und Deutsch! Und auch potentielle Arbeitgeber finden es interessant, ein solches Bewerberbuch zu erhalten, nicht selten mit dem Hinweis: „Ich bin die auf Seite 38." Darüber hinaus werden die Bücher an Multiplikatoren in Wirtschaft und Politik verschickt, damit auch dort möglichst viele Menschen auf die Bewerber aufmerksam werden.

Der Erfolg dieser Aktion ist beachtlich: Seitdem es das Bewerberbuch gibt (2007), ist die Vermittlungsquote allein an der Hauptschule in Höhenberg/Vingst von 25 auf 68 Prozent gestiegen! Das heißt: Deutlich mehr als doppelt so viele Jugendliche haben jetzt eine faire Chance auf Teilhabe am Arbeitsmarkt und an der Gesellschaft insgesamt. Kein Wunder also, dass die Idee des Bewerberbuches mittlerweile auch in anderen Städten Nachahmer findet. Und es zeigt, wie zutreffend afrikanische Weisheiten auch am Rhein sind (oder umgekehrt: wie „rheinisch" man auch in Afrika denkt): „It takes a village to raise a child." Man benötigt ein ganzes Dorf, um ein Kind großzuziehen. Und, so wäre hinzuzufügen, die Unterstützung durch die Politik: So wurde auf der Basis entsprechender Ratsbeschlüsse in Höhenberg ein Kombibad saniert, ein Jugendzentrum aufgebaut, ein Seniorenzentrum ausgebaut, eine Museumswohnung als Außenstelle des Stadtmuseums eingeweiht, die GAG-Siedlung mit Millionenbeträgen denkmalgeschützt und preisgekrönt saniert und zur Unterstützung ein Sozialraumkoordinator städtisch bezahlt. Das zeigt: Dort, wo ehrenamtliches Engagement und Politik Hand in Hand arbeiten, können Abwärtsspiralen aufgehalten werden. Und das „Dorf" kann seiner Aufgabe wieder nachkommen und dafür sorgen, dass tatsächlich kein Kind zurückbleibt.

Weltgeschehen: Unser Dorf muss schöner werden

Da passt es gut, dass heute vielfach die Ansicht vertreten wird, die Welt sei durch die Globalisierung zu einem „global village", einem globalen Dorf geworden. Gemeint ist damit, dass insbesondere die modernen Kommunikationstechnologien die Menschen auf der ganzen Welt einander näher gebracht haben. Durch das Internet ist potentiell jeder Mensch mit jedem anderen verbunden. Und auch in der nicht-virtuellen, der ganz analogen, realen Welt sind die Hürden, um einander zu begegnen, niedriger geworden. Seit dem Ende des Ost-West-Konflikts gibt es nur noch wenige Länder wie Nordkorea, in die man nur mit großen Mühen einreisen kann. Und: Mit dem Englischen hat das „globale Dorf" sogar eine gemeinsame Sprache.

Aber reicht all das schon, um den Kindern in diesem „Dorf" faire Chancen auf eine gute Zukunft zu sichern? Ganz offensichtlich nicht! Im Gegenteil: Von einer Weltinnenpolitik, die darauf zielen würde, sind wir weit entfernt. Global betrachtet ist der „reine“ Kapitalismus die Regel, der „rheinische“ die Ausnahme. Stellt man seine Fragen nach den besten Bedingungen für das Gemeinwohl, nach Chancengleichheit, Freiheitsrechten und Gerechtigkeit nicht national, sondern im globalen Maßstab, fallen die Antworten noch weit ernüchternder aus, als dies schon für ein „rheinisches“ Land wie Deutschland der Fall ist.

Gegenüber der „sozialen Schere“ hierzulande handelt es sich bei der „sozialen Schere“ der Weltgesellschaft eher um eine Heckenschere. Und das allein schon bei Betrachtung der Einkommen, von den Vermögen ganz zu schweigen. In Deutschland und in anderen Ländern des Rheinischen Kapitalismus wie Österreich oder in den skandinavischen Ländern verfügen die reichsten 20 Prozent der Bevölkerung mit den höchsten Einkommen (nach Steuern und Sozialtransfers) über 35 bis 50 Prozent des gesamten volkswirtschaftlichen Einkommens. Kritisch hingegen wird es schon in den USA: Dort wie auch in Großbritannien entfallen auf die reichsten 20 Prozent der Bevölkerung bereits mehr als 50 Prozent aller Einkommen. Damit sind die USA unter den voll entwickelten Ländern das Land mit dem höchsten Grad an Ungleichheit. Sie werden nur noch übertroffen von weniger entwickelten Ländern wie zum Beispiel Brasilien oder Südafrika. Dort vereinen die reichsten 20 Prozent über 65 Prozent der gesamten Einkommen. Mit dieser Verteilung ist eine theoretisch ebenso wie empirisch markante Schwelle überschritten. Denn die Verteilungstheorie geht davon aus, dass es sich bei Werten über 65 Prozent bereits um eine extrem ungleich strukturierte Gesellschaft handelt. Auf der anderen Seite des theoretischen

Spektrums steht die 100-prozentige Gleichverteilung: Sie wäre dann gegeben, wenn auf die oberen 20 Prozent genau 20 Prozent des Einkommens entfallen würden.

Eine sozial ausbalancierte Verteilung liegt ziemlich genau in der Mitte: Man geht davon aus – und alle bisherigen empirischen Untersuchungen bestätigen dies –, dass eine halbwegs gerechte Differenzierung innerhalb der Gesellschaft dann besteht, wenn sich die kumulierten Einkommen der „oberen" 20 Prozent der Bevölkerung zwischen 35 und 50 Prozent des gesamten Einkommens bewegen, die kumulierten Einkommen der übrigen 80 Prozent zwischen 50 und 65 Prozent.

Die weltweite Verteilung des Einkommens nun ist nicht nur von dieser idealen Verteilung weit entfernt, sondern sie fällt sogar noch dramatischer aus als die Situationen in denen weniger entwickelten Ländern wie zum Beispiel Südafrika. Denn: Global betrachtet verfügen die oberen 20 Prozent der Weltgesellschaft über 80 Prozent der Einkommen, wobei wiederum über 40 Prozent des Vermögens auf nur ein Prozent der Weltbevölkerung einfallen. Das heißt: „Die Welt als Ganzes ist sozial noch viel stärker gespalten als jedes einzelne Land in sich. Die größten sozialen Ungleichheiten finden sich heute zwischen den Staaten, nicht innerhalb der Staaten. Man könnte auch sagen, wir befinden uns in einem Zustand der globalen Apartheid, einem absolut nicht friedens- und zukunftsfähigen Zustand." So formuliert es der Professor für anwendungsorientierte Wissensverarbeitung und Club-of-Rome-Mitglied Franz Josef Radermacher in seinem Buch „Welt mit Zukunft". Auch die Chefin des Internationalen Währungsfonds, Christine Lagarde, beklagt, dass weltweit zu wenige neue Arbeitsplätze geschaffen würden und dass die

Einkommensanstiege seit 2009 stattdessen meist nur auf das Konto der Wohlhabenden gegangen seien.

Hinzu kommt, dass die Frage der Verteilungsgerechtigkeit natürlich nicht nur eine Frage der Verteilung von Einkommen ist. Auch die Verteilung und Nutzung der natürlichen Ressourcen stellt die schnell wachsende Weltgemeinschaft vor große Probleme. Denn ganz ähnlich wie bei der Vermögensverteilung gilt auch hier: Einige wenige lassen es sich auf Kosten der Mehrheit gut gehen. 20 Prozent der Weltbevölkerung – Europa, USA und Japan – verbrauchen etwa 65 Prozent der weltweiten Ressourcen. Und sie verursachen auch rund 60 Prozent der weltweiten Umweltverschmutzung. Zwar wäre schon allein dies Grund genug zu ernsthafter Sorge. Aber die Entwicklung verschärft sich noch: Die Zahl der Menschen auf dem Globus wächst bisher weiter, und immer mehr Menschen wollen immer besser leben. Schon im Jahre 2050 wird die Erde voraussichtlich von zehn Milliarden Menschen bewohnt. Allein in China und Indien werden jeweils etwa 1,5 Milliarden Menschen leben.

Heute kommen pro Tag knapp 220 000 Babys zur Welt. 80 Millionen pro Jahr – so viele wie Deutschland Einwohner hat. Dabei ist natürlich jede Geburt zunächst einmal ein Grund zur Freude. Aber richtig ist auch: Im globalen Maßstab gesehen ist das exponentielle Bevölkerungswachstum eine enorme Herausforderung. Denn bis zu weitere drei Milliarden Menschen bis 2050 kann unsere Erde nicht ohne weiteres verkraften. Die entscheidende Frage lautet deshalb: Wie ist es zu schaffen, dass alle diese Menschen in lebensfreundlicher Balance existieren können und zum anderen auch in Einklang mit der Natur und den natürlichen Lebensgrundlagen – also in einem Zustand der Nachhaltigkeit?

Resteverwertung: Wie werden die Ressourcen verteilt?

Wer bei der Beantwortung dieser Frage von der bisherigen Entwicklung ausgeht und diese in die Zukunft hochrechnet, der wird vermutlich zu Ergebnissen kommen, die wenig optimistisch stimmen. Und in der Tat sind die sozialen und ökologischen Probleme der Welt wohl nur schwer vollständig zu lösen. Für eine ebenso soziale wie ökologisch ausgerichtete Marktwirtschaft allerdings wird genau dies die Aufgabenstellung bleiben.

Denn fest steht: Der Markt allein und wirtschaftliches Wachstum werden die Situation nicht wesentlich verbessern. Das hat die Vergangenheit bewiesen: Allein in den letzten 20 Jahren stieg das Bruttoinlandsprodukt der Welt um 83 Prozent, ohne dass dabei eines der angesprochenen Probleme gelöst worden wäre. Auch die in diesem Zusammenhang immer wieder angeführte Steigerung technischer Effizienz, insbesondere der Energieeffizienz, hilft hier nur bedingt weiter. Denn die bestehenden Probleme gibt es, obwohl bereits in den vergangenen Jahrzehnten die Energieeffizienz sehr vieler Technologien deutlich gestiegen ist.

Was auf den ersten Blick wie ein Widerspruch aussieht, erklärt sich durch den sogenannten Bumerang- oder Rebound-Effekt. So benötigt man zum Beispiel für die Herstellung eines Quadratmeters Papier heute sehr viel weniger Ressourcen und Energie als noch vor 100 Jahren. Trotzdem ist aber die Menge an Holz und Wasser, die insgesamt für die Papierherstellung weltweit benötigt wird, drastisch gestiegen: Die Effizienzfortschritte pro Einheit werden durch den

Anstieg der Gesamtproduktion bei weitem überkompensiert. So hat die Energieeffizienz seit dem Jahr 1800 in industrialisierten Ländern etwa 1,3 Prozent pro Jahr zugelegt, bis in unsere Tage um mehr als den Faktor zehn. Im selben Zeitraum aber betrug das Wirtschaftswachstum jährlich rund drei Prozent, ein Anstieg um den Faktor 200! Aus demselben Grund wird auch im Straßenverkehr immer noch so viel Kohlendioxid ausgestoßen, obwohl das einzelne Fahrzeug heute wesentlich weniger emittiert als beispielsweise vor 20 Jahren. Hinzu kommt, dass durch neue Technologien häufig auch der Zugriff auf mehr und andere Ressourcen möglich wird – zum Beispiel Ölbohrungen auf dem Meeresgrund in 1500 Metern Tiefe. Das wiederum führt dazu, dass der Preis sinkt, die Nachfrage steigt und der Gesamt-Zugriff der Menschheit auf diese Ressource weiter wächst.

Große Teile der Weltbevölkerung beginnen jetzt damit, so zu leben, wie die reiche Welt es ihnen vorlebt. In Zukunft werden mindestens 35 Prozent der Menschen ihren Rohstoffhunger auf einem ähnlichen Niveau wie bisher nur 20 Prozent zu stillen versuchen. Die Knappheiten insbesondere bei den fossilen Rohstoffen werden sich dadurch weltweit dramatisch verschärfen und die Verteilungsfragen noch wichtiger werden. Denn: Natürlich kann, will und wird niemand den Menschen in China, Indien oder Afrika das Recht absprechen, auf einem vergleichbaren Wohlstandsniveau zu leben wie wir im Westen: inklusive Auto, Kühlschrank und Waschmaschine.

Aber richtig ist eben auch: Der globale Wasserverbrauch hat sich seit 1950 um das Dreifache erhöht, der Kohlendioxidausstoß um das Vierfache und die Anlandung von Fisch um das Fünffache. Würden alle Menschen auf dem Konsumniveau eines Europäers oder Amerikaners leben, bräuchten wir mittlerweile drei beziehungsweise fünf Planeten. Gleichzeitig leiden rund eine Milliarde Menschen Hunger – ein Siebtel der Weltbevölkerung. Tag für Tag verhungern 24 000 Menschen. Dabei wäre genug für alle da. Aber Lebensmittel und zu ihrer Produktion notwendige Biomasse folgen dem Geld, sie wandern dorthin, wo ein guter Preis bezahlt wird: in die entwickelten Länder.

Das zeigt: Auch im weltweiten Maßstab geht es um die Verteilung von vorhandenem Einkommen und Vermögen, nicht so sehr um die Schaffung von weiterem Vermögen. Ein einfaches Rechenbeispiel macht das deutlich: Die Weltbank hat ihre Grenze der absoluten Armut auf 1,25 Dollar pro Tag und Kopf fixiert. Nach dieser Definition ist ein Mensch, der über mehr als 500 Dollar pro Jahr verfügt, *nicht* arm! Selbst wenn man diese fragwürdige Grenze auf 2,50 Dollar anheben würde, bräuchte man für die Unterstützung aller Menschen, die unterhalb dieses Niveaus existieren, einen Betrag von 500 Milliarden Dollar jährlich – damit könnten, etwa im Bereich der Landwirtschaft und des Ackerbesitzes, Strukturen geschaffen werden, die der Armut dauerhaft den Boden entzögen.

Zeitdruck: Das Wichtigste passiert immer am Schluss

Natürlich wird eine solche Umverteilung nicht stattfinden. Schließlich entspricht die benötigte Summe fast dem Verteidigungshaushalt der USA für 2014. Das Rechenbeispiel zeigt aber, dass die Aufgabe nicht daran scheitert, dass kein

Geld vorhanden wäre. Es wird nur für andere Dinge verwendet. Daran etwas zu ändern, ist eine Aufgabe, die vom Markt allein gewiss nicht gelöst wird. Dort ist Ungleichheit schließlich mitunter ganz gerne gesehen, jedenfalls, wenn man sie von oben betrachtet. Was sollte man schließlich mit seinem Geld anfangen in einer Welt, in der alle reich sind? Auf einer Insel, bewohnt nur von Menschen, die jeweils genau eine Million Euro besitzen, wäre das Geld schnell nutzlos. Was es so wertvoll macht, ist vor allem die Tatsache, dass andere Leute weniger Geld haben. Nur deshalb sind sie bereit, Produkte und vor allem Dienstleistungen an andere zu verkaufen: Weil sie auf diese Weise ebenfalls an Geld kommen können. Dieses Streben ist die Grundlage des Wirtschaftens. In besonders ungleich organisierten Gesellschaften aber führt es dazu, dass sehr viele arme Menschen für sehr wenig Geld Dienstleistungen an sehr reiche Menschen verkaufen – ohne dabei freilich selbst jemals reich werden zu können.

Für die Kunden dieser Hausangestellten, Schuhputzer oder Tütenpacker ist das natürlich im Effekt sehr angenehm, für die Betroffenen hingegen ist es eine Armutsfalle. Und: Für die Gesellschaft ist ein Verlust von Produktivkraft, denn in der Regel sind solche Tätigkeiten wenig wertschöpfend. Auch wenn es hierzulande von Einigen immer wieder laut bedauert wird: Dass Deutschland auf diesem Gebiet eine „Dienstleistungswüste“ ist, ist eher zu begrüßen als zu bedauern. Es zeigt, dass es „rheinisch“ zugeht und das Geschehen auf dem Markt nicht unreguliert verläuft.

Dort denkt in erster Linie jeder an sich. Aber damit ist wie gesagt noch längst nicht an alle gedacht. Diese Aufmerksamkeit für das Ganze hat ihren Ort vielmehr in der Politik. Ihre

Aufgabe ist es deshalb – zusammen mit allen, die sich engagieren wollen –, die Rahmenbedingungen und Gesetze so zu gestalten, dass es in der Welt gerechter zugeht.

In diesem Sinne sind auch die Aufrufe von Papst Franziskus zu verstehen, wenn er etwa sagt: „Ebenso wie das Gebot ‚Du sollst nicht töten' eine Grenze setzt, um den Wert des menschlichen Lebens zu sichern, müssen wir heute Nein sagen zu einer Wirtschaft der Ausschließung. Diese Wirtschaft tötet." Positiv gewendet heißt das: Es gilt, sich für eine Wirtschaft der Teilhabe einzusetzen, also für einen „Kapitalismus mit rheinischem Antlitz". Den anderen, den nackten und radikalen Kapitalismus kennt der Papst aus seinem Heimatland Argentinien. Dieses Land könnte nach Franziskus' Worten mit seinen fruchtbaren Böden 300 Millionen Menschen ernähren. Aber: Von den nur 40,5 Millionen Einwohnern des Landes leben ungefähr 50 Prozent in Armut. Der Papst hat erlebt, wie Grundbesitzer die Äcker der armen Kleinbauern zerstören. Er kämpft deshalb gegen eine Wirtschaft der Rücksichtslosigkeit – und für eine Wirtschaft, die im Dienste des Menschen steht. Dazu schreibt der Papst: Die Tätigkeit eines Unternehmers ist eine edle Arbeit, vorausgesetzt, dass er sich von einer umfassenderen Bedeutung des Lebens hinterfragen lässt; das ermöglicht ihm, mit seinem Bemühen die Güter dieser Welt zu mehren, sie für alle zugänglicher zu machen und wirklich dem Gemeinwohl zu dienen. Geschickt zeigt der Papst auf diese Weise Bescheidenheit bei der Einschätzung seiner wirtschaftlichen Kenntnisse, formuliert aber zugleich seinen moralischen Anspruch, wenn er schreibt: „Es ist nicht Aufgabe des Papstes, eine detaillierte Analyse der gegenwärtigen Wirklichkeit zu bieten, aber ich fordere alle Gemeinschaften auf, sich um eine immer wachsame Fähigkeit, die Zeichen der Zeit zu erforschen, zu bemühen. Wir stehen hier vor einer großen Verantwortung.“

Viel Zeit allerdings bleibt dazu nicht. Schließlich stehen wir heute nicht mehr am Anfang der Phase des exponentiellen weltweiten Bevölkerungswachstums, sondern eher an deren Ende. Und das bedeutet: Wir stehen am entscheidenden Punkt. Denn das Wichtigste geschieht bei exponentiellen Wachstumsprozessen – so lehrt es die Mathematik – immer am Schluss. Teilen sich beispielsweise auf einem See Nacht für Nacht die Seerosen, so verdoppelt sich dabei jedes Mal ihre Zahl. Irgendwann werden sie gesamte Wasseroberfläche bedecken. Aber: Noch zehn Nächte vor diesem Zeitpunkt sind von Ferne nur einige versprengte Pflanzen zu sehen, nur ein Tausendstel des Sees ist bedeckt. Fünf Nächte vorher sind es etwa drei Prozent der Oberfläche, noch immer fallen sie kaum auf. Plötzlich aber wächst der See rasend schnell zu. Zwei Nächte vorher sind bereits 25 Prozent der Wasserfläche bedeckt. Ob es nun zehn Tage oder zehn Jahre dauert, bis die Oberfläche des Sees vollständig mit Seerosen gefüllt ist – wesentlich für das Phänomen des exponentiellen Wachstums ist die Tatsache, dass die zweite Hälfte des Sees erst in der allerletzten Nacht zuwächst.

Diese Nacht ist für die Menschheit nicht mehr weit entfernt. Deshalb ist es höchste Zeit zu handeln.

Was tun? So kann die Welt rheinischer werden!

Teilhabe, heißt es auf den zurückliegenden Seiten, muss aktiv und konkret organisiert werden – von anderen, aber immer auch in Eigenregie. Beides ist richtig, und entscheidend ist die funktionierende Arbeitsteilung. Die große Politik muss sich mit den großen Fragen befassen, die ganz große Politik sogar mit den ganz großen, jenen also, um die es im letzten Kapitel ging: den Fragen der ganzen Menschheit und ihrer natürlichen Lebensgrundlagen auf diesem Planeten. Aber auch die „kleine" Politik bleibt gefordert, jene, die in den Städten und Gemeinden unseres Landes die politischen Rahmenbedingungen gestaltet.

Im Alltag schließlich sind aber auch die Bürgerinnen und Bürger gefragt: Rheinischen Kapitalismus gibt es auf Dauer nur mit rheinisch gesinnten Kapitalisten. Das beginnt bei der mentalen Einstellung, beim Einsatz für mehr Gemeinnutz vor Eigennutz und gipfelt im konkreten Engagement des Einzelnen für das gemeinsame Ganze. Dafür gibt es zahllose Möglichkeiten. In keinem Fall aber geht es darum, Aufgaben zu übernehmen, die im Rheinischen Kapitalismus ganz wesensmäßig dem Staat und seinen gewählten Politikern zufallen. Er soll aus seiner Verantwortung nicht entlassen werden. Aber entlasten kann man ihn: von Aufgaben, die ihn überfordern.

Das sind häufig nicht so sehr jene Aufgaben, für die der öffentlichen Hand das Geld fehlt. Viel öfter sind es jene, bei denen es um persönliche Zuwendung und tatkräftige Hilfe im Einzelfall geht. Denn Einzelfällen kann staatlich organisierter Beistand manchmal nur schwer gerecht werden. Das können dann andere Einzelne besser.

In diesem Sinne erhebt die folgende Liste von Vorschlägen und Forderungen an Politik, Wirtschaft und Gesellschaft keinen Anspruch auf Vollständigkeit. Sie versteht sich vielmehr als ein „praktisches Programm" für eine Zukunft, in der es rheinischer, und damit gerechter zugeht als in der Gegenwart.

Zehn rheinische Gebote für Politiker

1. Stärke die internationalen Gemeinschaften!

Auch der Globus braucht einen Ordnungsrahmen, der Ausbeutung und Unterdrückung ächtet und die Freiheitsrechte umfassend sichert. Politiker müssen sich deshalb für die Gestaltung einer Weltinnenpolitik einsetzen. Das geschieht am besten durch die Stärkung supranationaler Organisationen, die es schon gibt, z. B. der Vereinten Nationen (UN), der Welthandelsorganisation (WTO) oder der G20. Die internationale Gemeinschaft muss gemeinsam mit den Nationalstaaten insbesondere auf eine angemessene Besteuerung weltweiter Wertschöpfungsketten hinarbeiten und Steueroasen sowie andere Schlupflöcher der legalen Steuervermeidung schließen. Ein Großteil der heute nicht finanzierbaren und unterfinanzierten politischen Maßnahmen zur Bekämpfung weltweiter Ungleichheit wäre mit den so erschlossenen Mitteln durchführbar.

2. Denke global, handle lokal!

Auch im weltweiten Maßstab sollte das Prinzip der Subsidiarität gelten. Politiker müssen deshalb darauf hinarbeiten, dass neue weltweite Governance-Strukturen keine über-staatlichen Bürokratiemonster werden, sondern die politische Verantwortung staffeln: Nur was die Kommunen und Gemeinden nicht regeln können, regelt der jeweilige Nationalstaat. Nur, was er nicht leisten kann, müssen supranationale Organisationen der Staaten leisten, die Europäische Union etwa oder die Vereinten Nationen.

3. Eine Europa in Solidarität und stärke seine Vielfalt!

Die Europäische Union ist mehr als eine Freihandelszone. Europa ist eine Schicksalsgemeinschaft und sichert Frieden und Freiheit. Die EU ist außerdem eine Menschheitsleistung von historischem Ausmaß: Die erste und bisher einzige supranationale Regierungsform auf demokratischer Basis, die funktioniert. Sie muss wieder stärker die politische Schutzmacht des Rheinischen Kapitalismus werden. Deshalb müssen sich Politiker dafür einsetzen, dass das „Projekt Europa" nicht am Geld und am Krümmungsgrad der Gurken scheitert. Sie müssen für mehr Europa eintreten, nicht für weniger. Für Teilhabe auf europäischer Ebene zu streiten, bedeutet, sich dafür einzusetzen, dass starke Staaten die weniger starken in ihrer Entwicklung stützen, damit es zügig zu einer weiteren Angleichung der materiellen und politischen Lebensverhältnisse in Europa kommt. Es bedeutet, dafür zu sorgen, dass europäische Standorte nicht gegeneinander ausgespielt werden und dass es eine gemeinsame Steuerpolitik gibt. Die Jugendlichen in Europa müssen die Chance bekommen, soviel Austausch und Begegnung wie möglich in Schul-, Ausbildungs- und Studienzeit zu erleben. Die Vision für ein einiges Europa heißt dabei immer: Einheit in Vielfalt.

4. Mache die soziale Balance zum Gesetz!

Wer es ernst meint mit der sozialen Gerechtigkeit in seinem Land, setzt sich für einen stabilen und eindeutigen politischen Ordnungsrahmen ein, in dem das Marktgeschehen mit Ansprüchen der Gerechtigkeit erst vermittelt wird. Ziel muss dabei sein, Ungleichheiten in der Güterverteilung nur insofern und so weit zu akzeptieren, als sie die Situation der am wenigsten begünstigten Gesellschaftsmitglieder verbessern. Ein wichtiger Beitrag dazu wäre es, wenn der balancierte Ausgleich der Einkommen (siehe dazu Seite 163–165) zum Staatsziel erklärt würde – als Ergänzung zum „magischen Viereck der Volkswirtschaftslehre", das im deutschen Stabilitätsgesetz von 1967 verankert ist und vorschreibt, dass die Wirtschaft an den vier Zielen Preisstabilität, außenwirtschaftliches Gleichgewicht, Wachstum und Vollbeschäftigung auszurichten ist.

5. Streite für das Primat der Politik!

Die überlegene Leistungsfähigkeit balancierter Gesellschaften im Sinne des Rheinischen Kapitalismus wurde in zahlreichen Studien nachgewiesen – ebenso die Neigung libertärer Gesellschaften zu folgenreichen Demokratie-Defekten. Der Weg zu dauerhaftem Wohlstand und stabilen politischen Verhältnissen führt deshalb über Teilhabe, nicht über Ausschluss und Ausgrenzung. Rheinische Kapitalisten treten deshalb im Interesse der Freiheit und Menschenwürde für die politische Koordinierung der Marktkräfte ein und damit für das uneingeschränkte Primat der Politik. Sie wollen demokratische Strukturen stärken und Politiker in ihrer Arbeit kritisch unterstützen. Rheinische Kapitalisten treten dafür ein, dass sich auch Leistung für das Gemeinwohl lohnt und nicht zum Verlust des Ansehens führt. Dies gilt auch gegenüber der Verwaltungsbürokratie. Auch sie muss dem Primat der Politik folgen. Nur so kann das Prinzip der Teilhabe dauerhaft gewährleistet und ausgebaut werden. Freier Wettbewerb allein mündet in eine Praxis der Ausgrenzung von „Verlierern“, purer Bürokratismus zur Erstarrung.

6. Begrenze die Käuflichkeit!

Die Definition handelbarer und nicht-handelbarer Güter ist für ein System des Rheinischen Kapitalismus konstituierend. Sie vollzieht sich im politischen Ordnungsrahmen, konkret: in den Gesetzen. Rheinische Politik zielt darauf, dass insbesondere die Daseinsvorsorge, also die Bereiche Bildung und Gesundheit, aber auch Wohnraum, Grundversorgung (Strom, Wasser, Gas, Müll, Kommunikation), Mobilität u. a. nicht als uneingeschränkt handelbare Güter gelten dürfen. Wo ihre Handelbarkeit (ganz oder teilweise) erlaubt bzw. gewollt ist, darf sie nicht zu einer Privatisierung von Lebensrisiken führen, auf die der Einzelne keinen maßgeblichen Einfluss hat und die ihn in seiner Würde und/oder der Wahrnehmung seiner Freiheits- und Persönlichkeitsrechte einschränken.

7. Entwickle den Sozialstaat weiter!

Die Fürsorgepflicht und Solidarität der Gemeinschaft für notleidende Einzelne, der Sozialstaat, gehört zu den Grundpfeilern der Gesellschaftsordnung im Rheinischen Kapitalismus.

Er gründet in der christlich-jüdischen Werte-Überlieferung ebenso wie in den nicht-religiös motivierten Grundüberzeugungen der Aufklärung, der Arbeiterbewegung und der liberalen(!) rechtsstaatlichen Theorie. Seine Anhänger treten deshalb auch unter den veränderten Bedingungen der Globalisierung („äußerer Druck") und der demografischen Entwicklung („innerer Druck") für den Ausbau und die Fortentwicklung der sozialstaatlichen Praxis ein. Dabei müssen im Interesse der Nachhaltigkeit der sozialen Sicherungssysteme Ansprüche der Finanzierbarkeit mit legitimen und im Sinne der Stabilität notwendigen Versorgungsansprüchen in Ausgleich gebracht werden. Handlungsleitend bei der Gestaltung eines solchen Ausgleichs muss das Prinzip der Verhältnismäßigkeit sein: Starke Schultern müssen mehr tragen als schwache.

8. Beuge vor!

Das Prinzip der Prävention muss gegenüber der nachsorgenden Hilfe weiter gestärkt werden: insbesondere durch mehr öffentliche Investitionen in Bildung, Erziehung und Gesundheit von Anfang an. Alle Untersuchungen zeigen: Es ist billiger soziale Schieflagen zu vermeiden, indem man schon bei den Kleinsten investiert, als später durch teure Sozialmaßnahmen zu reparieren. Auch hier gilt: It needs a village to raise a child! Und: Nicht nur bei Menschen, auch in der Infrastruktur macht sich das Prinzip Vorsorge bezahlt – eine Lektion, die Deutschland derzeit leidvoll lernt.

9. Schaffe Vertrauen in die Kommunalpolitik!

Rheinische Kapitalisten treten politisch dafür ein, mehr Vertrauen in kommunale Institutionen zu entwickeln, von der

Schule bis zum Stadtparlament. Menschen, die vor Ort arbeiten, kennen Nöte und Bedürfnisse aus eigener Anschauung und setzen sich häufig engagiert für Veränderungen ein. Dabei gehen sie vielfach pragmatische und lösungsorientierte Wege. Rheinische Kapitalisten interessieren sich für neue Ideen, die zum Wohle aller funktionieren können, wie beispielsweise die Idee vom „sozialen Arbeitsmarkt“: Wer auf dem ersten Arbeitsmarkt keinen Job findet, weil ihm bestimmte Qualifikationen fehlen, leistet im sozialen Bereich – etwa in der Altenpflege – möglicherweise trotzdem wertvolle Arbeit. Dazu muss es mehr Chancen geben.

10. Mache wenige, aber gute Gesetze!

Ein Übermaß an Gesetzen, Verordnungen und Regelungen für Detailfragen behindert nicht nur die Dynamik der Wirtschaft, sondern beschränkt auch die Handlungsmöglichkeiten der Politik. Die Bretter, die bei der Lösung von Problemen zu bohren sind, werden dadurch immer dicker. Rheinische Kapitalisten wollen eine solche Lähmung vermeiden und rückgängig machen, wo sie bereits eingetreten ist. Sie wollen so viele Regeln wie nötig und so wenig wie möglich. Sie wollen Richter, die im Sinne dieser Regeln verantwortlich und mit Weitblick für die Folgen entscheiden. Wer per Gerichtsbeschluss neue Normen schafft, muss auch daran denken, ob diese Normen im Alltag vernünftig anwendbar sind und zur Problemlösung beitragen oder ob sie neue Probleme schaffen (vgl. die erwähnte Verordnung über Türen in Kindergärten, Seite 95).

Zehn rheinische Gebote für Unternehmer und Manager

1. Stelle Kooperation vor Wettbewerb!
Rheinische Kapitalisten treten in ihrem Alltag aktiv für eine „Wirtschaftskultur der Kooperation" ein und geben ihr den Vorzug vor einer „Wirtschaftskultur des Wettbewerbs". Sie wissen, dass Wettbewerb nicht automatisch und in jedem Fall zu den besseren Ergebnissen im Sinne des Gemeinwohls führt und auch den Anlagen der menschlichen Natur keineswegs vollständig Rechnung trägt (siehe dazu Seite 147, die Gedanken Prechts).

2. Wachse nachhaltig mit dem „doppelten Faktor 10"!
Der Rheinische Kapitalismus bekennt sich zum Prinzip des Wachstums, vermeidet dabei aber wo immer möglich die fortgesetzte Plünderung der natürlichen Lebensgrundlagen. Er tritt besonders für technologischen Fortschritt und für Innovationen ein, die dabei helfen, das Prinzip des „doppelten Faktors 10" zu verwirklichen. Das bedeutet: Entsprechend der weltweiten Bevölkerungszunahme soll die Weltwirtschaftsleistung in den nächsten 70 Jahren um das Zehnfache steigen, jedoch nur insoweit, wie parallel dazu auch eine Verzehnfachung der Öko-Effizienz, sogenanntes grünes Wachstum, gelingt. Mit demselben Naturverbrauch wie heute und bei konsequentem Schutz knapper Ressourcen soll so der zehnfache Wohlstand erschlossen werden.

3. Maximiere den Sinn, nicht den Profit!

Für Rheinische Kapitalisten sind Geld und Vermögen kein Selbstzweck. Sie dienen als Mittel, um weiter gesteckte Ziele zu erreichen: die Befriedigung von Bedürfnissen, Fortschritt, Wohlstand und damit die materielle Grundlage für eine menschenwürdige und gerechte Gesellschaft – auch in globaler Perspektive. Sie richten eigene Geschäftsmodelle nach dieser Priorität aus und wirken in Unternehmen darauf hin, dass sich eine Kultur der Sinnhaftigkeit gegenüber einer Kultur des reinen Profitstrebens behaupten kann („Companies make shoes, not money", Peter Drucker, amerikanischer Managementlehrer). Sie treten für ein Konzept des Stakeholder-Value ein, das wirtschaftliches Streben an den Interessen aller Anspruchsgruppen ausrichtet, nicht für ein Modell des Shareholder-Value, bei dem einseitig die Interessen der Eigentümer im Vordergrund stehen.

4. Begrenze die Eigennutz-Dynamik am Gemeinwohl!

Das Streben nach eigenen Vorteilen steht als Motivation auch für Rheinische Kapitalisten oft am Anfang einer Leistung. Sie schöpfen daraus den Impuls und die Kraft für den Anfang und für die Überwindung von Widerständen. Aber sie *er*schöpfen sich darin nicht und überprüfen ihre Ziele immer wieder am Maßstab der Gemeinwohlverträglichkeit und der Nachhaltigkeit, denn sie wissen: Was auf Dauer nachteilig für alle ist, kann langfristig auch für wenige kein Vorteil bleiben.

5. Zahle Deine Steuern und Abgaben!

Nach Maßgabe ihrer jeweiligen Einflussmöglichkeiten wirken Rheinische Kapitalisten darauf hin, dass in „ihren" Unternehmen jegliche Form der Steuerhinterziehung unterbleibt und auch bei der legalen Steuervermeidung ein vertretbares Maß gehalten wird. Nicht alles, was legal ist, ist auch legitim.* Gleichzeitig setzen sich Rheinische Kapitalisten für ein leicht verständliches und möglichst unbürokratisches Steuersystem ein. Sie wissen: Klare Vorschriften werden bereitwilliger und im Ergebnis häufiger befolgt als hoch ausdifferenzierte Bestimmungen.

6. Investiere und finanziere gut und langfristig!

Bei der Anlage von Kapital bevorzugen Rheinische Kapitalisten Finanzinvestitionen vor allem in ethisch ausgerichtete Fonds, Unternehmen oder Produkte, die sich auf lange Sicht auszahlen. Sie vermeiden besonders risikobehaftete Anlageformen, auch wenn diese kurzfristig höhere Renditen versprechen. Bei der Finanzierung ihrer eigenen Geschäftstätigkeit setzen sie möglichst auf „geduldiges Kapital" von klassischen Kreditbanken, Spar- und Darlehenskassen sowie genossenschaftlich organisierten Banken. Sie vermeiden, soweit möglich, die Kapitalbeschaffung über die eher an kurzfristigen Rentabilitätsansprüchen orientierten Börsen.

7. Schütze das Leben von Mensch und Natur!

Rheinische Kapitalisten gestalten ihre Wirtschaftsprozesse in Produktion und Dienstleistung so wenig umweltbelastend wie möglich und bemühen sich durch kontinuierliche Prozessverbesserungen um eine konsequente Senkung ihres absoluten Verbrauchs an natürlichen Ressourcen sowie ihrer direkten und indirekten CO_2-Emissionen – auch unter Wachstumsbedingun-

* Jochen Ott: Das gilt z. B. auch für Politiker-Konten in Südamerika!

gen. Gleichzeitig verzichten sie auf Gewinne, die sie nur durch Beteiligung an oder Beförderung von lebensfeindlichen Praktiken erzielen (Krieg, Kinderarbeit, Sklavenarbeit etc.) können.

8. Zahle jedem seinen gerechten Arbeitslohn!

Rheinische Kapitalisten wenden sich gegen unqualifizierte Niedriglohn-Jobs im Service-Bereich, die als individuelle Armutsfalle wirken und wenig Beitrag zur Wertschöpfung der Gemeinschaft leisten. Das gilt in besonderem Maße für Leih- und Zeitarbeit. Rheinische Kapitalisten nutzen sie deshalb nur ergänzend und begrenzt, niemals als Ersatz für dauerhafte, sozialversicherungspflichtige Festanstellungen. Sie zahlen gleichen Lohn für gleiche Arbeit und setzen sich dafür ein, dass jeder Mensch vom Lohn seiner Arbeit ein Leben in Würde und Freiheit führen kann. Sie treten deshalb für einen gesetzlichen Mindestlohn ein. Im Umkehrschluss vermeiden sie die Teilnahme an Preiswettbewerben „nach unten“, sondern wollen, dass Produkte und Dienstleistungen auf dem Markt zu fairen Preisen angeboten werden, die den Bedürfnissen der Verbraucher ebenso Rechnung tragen wie den legitimen Entlohnungsansprüchen aller Mitarbeiter und Vertragspartner („faire Preise für faire Löhne“).

9. Schaffe neue und gute Arbeit!

Der fortschreitende Verlust niedrig qualifizierter Arbeit in den modernen Wissensgesellschaften ist mit Ursache für steigende Armutsraten in diesen Ländern. Kompensierend können hier neue, einfache Dienstleistungsberufe insbesondere in sozial bedeutungsvollen Bereichen wie etwa dem Gesundheitswesen wirken. Sie befriedigen einen dringenden Bedarf und entlasten die Sozialkassen. Rheinische Kapitalisten versuchen wo immer möglich, solche neuen Stellen im sozialen Dienstleistungsbereich zu schaffen oder auszubauen.

10. Engagiere Dich für das Gemeinwohl – und berichte darüber!

Rheinische Kapitalisten setzen sich dafür ein, dass die in den demokratischen Institutionen verankerte Koordination der Marktwirtschaft ergänzt (nicht: ersetzt) wird durch freiwilliges Gemeinwohl-Engagement der Wirtschaftssubjekte je nach Maßgabe ihrer individuellen Möglichkeiten. Dabei kann es sich um die klassischen Maßnahmen der Corporate Social Responsibility (CSR) ebenso handeln wie um die Aktivität von Stiftungen oder um Spenden für Zwecke der Wohltätigkeit, der Bildung, des Umweltschutzes o. Ä.

In jedem Fall soll aber das Prinzip der Nachhaltigkeit bestimmend sein. Strohfeuer sind zu vermeiden. Um die Öffentlichkeit über die eigenen Aktivitäten für das Gemeinwohl zu informieren und andere zur Nachahmung anzuregen, setzten sich Rheinische Kapitalisten dafür ein, dass Unternehmen neben ihrer herkömmlichen Bilanz auch eine Gemeinwohlbilanz veröffentlichen.

Zehn rheinische Gebote für Bürgerinnen und Bürger

1. Informiere Dich!

Rheinischer Kapitalismus funktioniert nur mit Eigenverantwortung, Eigeninitiative und aktiver Teilhabe. Das setzt Bildung und Information voraus. Beide sind nicht nur eine Bringschuld der öffentlichen Institutionen, sondern auch eine Holschuld jedes Einzelnen. Bücher, Artikel in Zeitungen und Online-Medien, TV-Sendungen und andere Quellen der Information, insbesondere über die Themen Soziale Gerechtigkeit und Nachhaltigkeit, zählen zur täglichen „geistigen Nahrung“ eines Rheinischen Kapitalisten.

2. Gehe zur Wahl!

Rheinischer Kapitalismus funktioniert nur im Rahmen einer modernen Demokratie. Demokratie aber funktioniert nur mit mündigen und aktiv beteiligten Bürgern. Die Ausübung des Wahlrechts auf europäischer und nationaler Ebene ebenso wie in Land und Kommune ist für Rheinische Kapitalisten deshalb unerlässlich. Das gilt auch für andere Mitwirkungsmöglichkeiten, etwa bei Vorschlägen für einen Bürgerhaushalt. Werbe in deinem Umfeld für die Ausübung des Wahlrechts.

3. Engagiere Dich!

Kritik gegenüber den politischen und gesellschaftlichen Institutionen ist gut, persönliches Engagement für weniger Kritikwürdigkeit ist besser. Rheinische Kapitalisten investieren deshalb einen Teil ihrer persönlichen Zeit für konkrete Beiträge zum Gemeinwohl. Gelegenheiten dazu gibt es viele, von der Mitarbeit in einer politischen Partei, die die Ziele des Rheinischen Kapitalismus unterstützt, bis hin zum Ehrenamt zum Beispiel im Sportverein.

4. Werde Spender!

Private Spenden können und sollen im Rheinischen Kapitalismus die öffentliche Fürsorge nicht ersetzen. Aber der

Staat kann und soll auch nicht alles regeln. Viele Projekte des Gemeinwohls ebenso wie Nicht-Regierungsorganisationen und gemeinnützige Vereine oder Stiftungen sind und bleiben auf privates Engagement angewiesen. Dazu kann jeder einen Beitrag leisten und etwa an bestimmten Stichtagen das Kleingeld im Portemonnaie spenden oder das Prinzip „Spenden statt Geldgeschenke“ als Regel für Feste und Events propagieren.

5. Kompensiere, was Du nicht verhindern kannst!

Rheinische Kapitalisten sind Realisten. Sie wissen, dass nicht alles, was richtig ist, auch geschieht oder schnell bzw. gut genug geschieht. Das lässt sie aber nicht verzweifeln, sondern nach pragmatischen Zwischenlösungen suchen, ohne deshalb die großen Ziele aus den Augen zu verlieren. Wer beispielsweise einen persönlichen Beitrag dazu leisten will, dass im globalen Klimaschutz das Zwei-Grad-Ziel (Begrenzung des Anstiegs der mittleren Atmosphärentemperatur) wenn schon nicht ganz, dann doch wenigstens so weit wie möglich erreicht wird, kann nach Maßgabe seiner Mittel den eigenen CO_2-Fußabdruck verkleinern: durch die Beteiligung an glaubhaft zertifizierten Aufforstungsprogrammen, etwa im Zusammenhang mit Flügen oder Autofahrten (s. Anhang). Auf diese Weise könnte es beispielsweise gelingen, bis zum Jahr 2033 weltweit fünf Millionen Quadratkilometer neuen Wald anzupflanzen. Der würde genau jene Menge CO_2 kompensieren, die bis dahin nicht vermieden wurde.

6. Ändere Dein Leben!

„Wenn viele kleine Leute an vielen kleinen Orten viele kleine Dinge tun, können sie das Gesicht der Welt verändern.“ Die Erkenntnis des afrikanischen Sprichworts dient auch Rheinischen Kapitalisten als Leitmotiv. Sie setzen nicht auf missionarische Predigt, sondern auf persönliches Zeugnis und Vorbild. Dabei geht es nicht um die – meist sehr begrenzte – objektiv verändernde Wirkung individuellen Tuns, sondern vor allem um den didaktischen und aufklärerischen Nutzen solcher sichtbaren Handlungen oder Unterlassungen. Sie helfen mit, das Bewusstsein der Gesellschaft zu verändern. Außerdem zeigt die Erfahrung: Ein eigenes Beispiel zu geben macht glücklich, weil sich auf diese Weise das Gefühl der Sinnhaftigkeit der eigenen Existenz erhöht (siehe dazu auch die Liste der Kontakte im Anhang).

7. Unterstütze Schwächere!

Rheinische Kapitalisten können persönliche Patenschaften für sozial Benachteiligte übernehmen und sie auf ihrem Weg begleiten (z. B. Schulabbrecher, Beistand für ausgebeutete Arbeitskräfte, Hilfe in Krankenhäusern, Altenheimen, Kindergärten, Schulen u. a.)

8. Konsumiere weniger und anders!

Einseitige Wachstumsorientierung ist mit Gemeinwohlorientierung langfristig nicht zu vereinbaren. Es gibt kein endloses Wachstum. Unausgesetzte Steigerung des Konsums ist für Rheinische Kapitalisten weder eine Bedingung für erfolgreiches Wirtschaften, noch ein Weg zu persönlicher Zufriedenheit. Sie treten vielmehr für bewusste Konsumentscheidungen und freiwillige Selbstbegrenzung insbesondere in gemeinwohlkritischen Bereichen ein. Dies betrifft beispielsweise den Verzehr von Fleisch und Fisch, die Gestaltung der individuellen Mobilität oder die Nutzung von Produkten aus ethisch zweifelhafter Herstellungspraxis. Verbrauchermacht ist Marktmacht! Sie muss aber freiwillig zum Einsatz kommen.

9. Werde ein Botschafter des Rheinischen Kapitalismus!

Mit Hilfe des Internets stehen dem Einzelnen heute weitaus größere Möglichkeiten zur Verfügung, seiner Meinung Gehör zu verschaffen als noch vor einigen Jahrzehnten. Das bedeutet einen enormen Fortschritt für die politische und gesellschaftliche Willensbildung, den es zu nutzen gilt. Im Internet, aber auch in allen persönlichen und beruflichen Zusammenhängen treten Rheinische Kapitalisten deshalb proaktiv für ihre Grundsätze und Forderungen ein. Sie argumentieren öffentlich und privat, in Gesprächen, Leserbriefen, Blogs und sozialen Medien beispielsweise für:

- den unauflöslichen Zusammenhang der Grundwerte von Freiheit, Gleichheit und Brüderlichkeit (negativer und positiver Freiheit)
- die Realisierung fairer (also: realer) Chancengleichheit
- das Primat der Politik
- die Prinzipien „Gemeinwohl vor Eigennutz“ sowie „Kooperation vor Wettbewerb“
- die Sinnhaftigkeit von sozialem Ausgleich
- die prinzipielle Sinnhaftigkeit von Steuerzahlungen
- ein positives Verständnis des Begriffes „Umverteilung“ im Sinne einer notwendigen Forderung der Gerechtigkeit
- die Besteuerung nach Leistungsfähigkeit
- die Besteuerung von Finanzmarkttransaktionen, zum Beispiel mit 0,01 Prozent
- das Prinzip „gerechter und gleicher Lohn für gleiche Arbeit“

10. Habe Spaß!

Rheinisch bedeutet immer auch: gut gelaunt und zuversichtlich zu bleiben! Humor schützt vor Verbitterung und Hartherzigkeit – gerade dann, wenn es nicht so gut läuft und Ziele schwer erreichbar sind. Wer lacht, macht Mut und Hoffnung: sich selbst und anderen!

Literatur- und Link-Verzeichnis

Abelshauser, Werner: Der frohe Botschafter, in: Die Zeit, 5. Dezember 2013, Seite 17.

Abelshauser, Werner: Der rheinische Kapitalismus im Kampf der Wirtschaftskulturen, in: Volker R. Berghahn/Sigurt Vitols (Hg.): Gibt es einen deutschen Kapitalismus? Tradition und globale Perspektiven der sozialen Marktwirtschaft, Frankfurt 2006.

Abelshauser, Werner: Die EU braucht Regeln, die Einheit in Vielfalt zuzulassen, in: FAZ, 13. September 2013, Seite 12.

Abelshauser, Werner: Quellen der Ungleichheit, in: Die Welt, 19. November 2013, Seite 2.

Abelshauser, Werner: Wirtschaftsleitbilder im Kulturkampf. Hat der Rheinische Kapitalismus eine Zukunft?, unter: http://www.uni-saarland.de/fileadmin/user_upload/Sonstiges/KoWA/beirat/Abelshauser-Thesen-TabellenAbb-Excel.pdf.

Albert, Michel: Die Zukunft der Sozialmodelle des europäischen Kontinents, in: Wolfgang Streeck (Hg.): Internationale Wirtschaft, nationale Demokratie. Herausforderungen für die Demokratietheorie, Frankfurt 1998.

Albert, Michel: Kapitalismus contra Kapitalismus, Frankfurt 1992.

Anker, Jens: Abgeordnetenhaus stimmt Rückkauf der Wasserbetriebe zu, in: Berliner Morgenpost Online, 8. November 2013, unter: http://www.morgenpost.de/berlin-aktuell/article121668882/Abgeordnetenhaus-stimmt-Rueckkauf-der-Wasserbetriebe-zu.html.

Aretz, Eckardt: Zurück zum „Rheinischen Kapitalismus"?, in: Tagesschau Online, 8. Oktober 2008, unter: http://www.tagesschau.de/wirtschaft/bankenkrise118.html.

Augstein, Jakob: Rückkehr der Bankster, in: Spiegel Online, 25. November 2013, unter: http://www.spiegel.de/politik/deutschland/augstein-kolumne-rueckkehr-der-bankster-a-935435.html.

Becker, Jürgen: Da wissen Sie mehr als ich. Das Mysterium des Rheinischen Kapitalismus, Köln 1998.

Bormann, René/Kammer, Andreas: Die Steuerpolitik der letzten Dekaden unterminiert die Soziale Marktwirtschaft. Warum wir eine gerechtere Steuerpolitik brauchen, in: WISO direkt, September 2013, unter: http://library.fes.de/pdf-files/wiso/10248.pdf.

Bundesregierung, Deutschland: Gesundheitsversorgung für psychisch kranke Kinder und Jugendliche. Antwort auf eine kleine Anfrage, unter: http://dip21.bundestag.de/dip21/btd/16/010/1601051.pdf.

Castellucci, Lars: Zur Zukunft des „Rheinischen Kapitalismus“, in: Bundeszentrale für Politische Bildung Online, 26. Mai 2002, unter: http://www.bpb.de/apuz/26478/zur-zukunft-des-rheinischen-kapitalismus?p=all.

Christlich Demokratische Union Deutschlands (CDU): Freiheit und Sicherheit. Grundsätze für Deutschland. Das Grundsatzprogramm (2007), unter: http://www.cdu.de/sites/default/files/media/dokumente/071203-beschluss-grundsatzprogramm-6-navigierbar_0.pdf.

Christlich Demokratische Union Deutschlands, Sozialdemokratische Partei Deutschlands, Christlich-Soziale Union in Bayern: Deutschlands Zukunft gestalten. Koalitionsvertrag zwischen CDU, CSU und SPD, unter: http://www.bundesregierung.de/Content/DE/_Anlagen/2013/2013-12-17-koalitionsvertrag.pdf;jsessionid=C7D8F5C48C458287B1E01069 12B03877.s1t2?__blob=publicationFile&v=2.

Colombier, Carsten: Der Anstieg der Schweizer Staatsquote mal anders betrachtet, unter: http://www.efv.admin.ch/d/downloads/publikationen/arbeiten_oekonomenteam/Staatsquote_anders_betrachtet_d.pdf.

Crouch, Colin: Das befremdliche Überleben des Neoliberalismus, Berlin 2011.

Deutscher Gewerkschaftsbund (DGB): Gutachten der Wirtschaftsweisen ist rückwärtsgewandt, 13. November 2013, unter: http://www.dgb.de/presse/++co++4259354e-4c50-11e3-bdb3-00188b4dc422.

Diamond, Jared: Kollaps. Warum Gesellschaften überleben oder untergehen, Frankfurt 2006.

El-Sharif, Yasmin: Wirtschaftsmacht Deutschland: Studie entzaubert Hartz-Mythos, in: Der Spiegel, 2. Februar 2014, unter: http://www.spiegel.de/wirtschaft/soziales/hartz-reformen-in-deutschland-studie-entzaubert-den-mythos-a-950620.html.

Fink, Pierre-Christian: Auf der Suche nach Adam Smith. Historiker zeigen: Der Vater der Ökonomie war kein Prediger des freien Marktes. Er suchte nach Werten, in: Zeit Online, 27. August 2013, unter: http://www.zeit.de/2013/34/oekonomie-adam-smith.

Franziskus, Papst: Apostolisches Schreiben. Evangelii Gaudium, unter: http://www.vatican.va/holy_father/francesco/apost_exhortations/documents/papa-francesco_esortazione-ap_20131124_evangelii-gaudium_ge.pdf.

Geschichtswerkstatt Kalk e. V.: Köln Kalk. Der Niedergang und das Ende der Chemischen Fabrik Kalk, unter: http://info.gw-kalk.de/?page_id=253.

Gilgen, David/Kopper, Christopher/Leutzsch, Andreas (Hg.): Deutschland als Modell? Rheinischer Kapitalismus und Globalisierung seit dem 19. Jahrhundert, Bonn 2010.

Green Cross International: The Earth Dialogues Geneva Declaration on Action for a Peaceful and Sustainable World, 3. September 2013, unter: http://www.gcint.org/fs/Earth-Dialogues-Geneva-Declaration-2013.pdf.

Hans-Böckler-Stiftung: Verteilungsbericht 2013. Trendwende noch nicht erreicht, in: WSI Report, unter: http://www.boeckler.de/pdf/p_wsi_report_10_2013.

Hinsch, Wilfried: Gerechtfertigte Ungleichheiten, Berlin 2002.

Hinterberger, Friedrich (Hg.): Welches Wachstum ist nachhaltig? Ein Argumentarium, Wien 2009.

Huber, Hubert: „Gemeinwohl ist unser Ansatz", in: Zweitblick, 15. Dezember 2012, unter: http://www.zweitblick.at/article/gemeinwohl-ist-fuer-uns-ein-ansatz.

Hüther, Michael: Ein Europa der Nationen, in: Institut der Deutschen Wirtschaft Köln Online, 5. Oktober 2013, unter: http://www.iwkoeln.de/de/presse/gastbeitraege/beitrag/michael-huether-in-der-sueddeutschen-zeitung-ein-europa-der-nationen-129619.

Institut für Makroökonomie und Konjunkturforschung: Verteilungsproblem schwächt auch Wirtschaft. Atypische Beschäftigung, Kapitaleinkommen und weniger Ausgleich im Steuersystem steigern Einkommens-Ungleichheit, unter: http://www.boeckler.de/41912_44002.htm.

Janssen, Hauke: Münchhausen-Check: Nahles und die Reichensteuer, in: Der Spiegel, 17. November 2013, unter: http://www.spiegel.de/

politik/deutschland/faktencheck-werden-deutschlands-reiche-immer-reicher-a-932863.html.

Jeismann, Michael: Das Risiko heißt: Zusammenbruch der Weltgesellschaft, in: Frankfurter Allgemeine Zeitung, 19. Dezember 2005, unter: http://www.faz.net/aktuell/wissen/erde/jared-diamond-im-interview-das-risiko-heisst-zusammenbruch-der-weltgesellschaft-1281257.html.

Kalverkamp, Klemens: Miteinander ernten. Das Erfolgsgeheimnis des German Management, Weinheim 2009.

Kammer, Andreas: Steuer- und Transferpolitik auf dem Weg in die Sackgasse. Eine Analyse der Umverteilungswirkung, in: WISO Diskurs, September 2013, unter: http://library.fes.de/pdf-files/wiso/10247.pdf.

Konrad-Adenauer-Stiftung e. V.: Das Ahlener Programm der CDU der britischen Zone vom 3. Februar 1947, unter: http://www.kas.de/wf/de/33.813.

Kroker, Ralf/Klös, Hans-Peter: Deutschland hat den Sprint gewonnen, in: Institut der deutschen Wirtschaft Köln Online, 20. Juli 2010, unter: http://www.iwkoeln.de/de/presse/gastbeitraege/beitrag/64318.

Meyer, Thomas: Theorie der sozialen Demokratie, Wiesbaden 2005.

Meyer, Thomas: Die Theorie der Sozialen Demokratie, in: Online Akademie der Friedrich-Ebert Stiftung, unter: http://www.fes-online-akademie.de/fileadmin/Inhalte/01_Themen/05_Archiv/Soziale_Demokratie/dokumente/FES_OA_Thomas_Meyer_Theorie_SD.pdf.

Müller, Sebastian: Shareholder Value, Postdemokratie, oder vom Wandel des Kapitalismus, in: le Bohémien, 1. Juli 2011, unter: http://le-bohemien.net/2011/07/01/shareholder-value-postdemokratie.

Müller, Henrik/Neßhöver, Christoph: Breite Front gegen die Wirtschaft, in: Manager Magazin Online, 19. August 2013, unter: http://www.manager-magazin.de/magazin/artikel/a-907894.html.

Ohne Verfasser – Armut.de: Kindersterblichkeit und Lebenserwartung, unter: http://www.armut.de/aspekte-der-armut_ursachen-und-folgen-der-armut_kindersterblichkeit-und-lebenserwartung.php.

Ohne Verfasser – Deutschland Radio: ADHS. Generation Ritalin, unter: http://www.dradiowissen.de/adhs-generation-ritalin.33.de.html?dram:article_id=15923.

Ohne Verfasser – Der Spiegel: Wohlstand: In Deutschland leben immer mehr Millionäre, 9. Oktober 2013, unter: http://www.spiegel.de/wirtschaft/soziales/schweizer-sind-die-reichsten-menschen-der-welt-a-926932.html.

Ohne Verfasser – Frankfurter Allgemeine Zeitung: Die vierte industrielle Revolution fest im Auge, 3. Juli 2013, unter: http://www.seiten.faz-archiv.de/FAZ/20130703/ffb201307033919482.html.

Ohne Verfasser – t-online: Trotz guter Konjunktur. Kosten für Hartz IV um 700 Millionen Euro gestiegen, 23. November 2013, unter: http://www.t-online.de/wirtschaft/jobs/id_66656850/kosten-fuer-hartz-iv-um-700-millionen-euro-gestiegen.html.

Ohne Verfasser – Statista: Anteil der Hartz-IV-Empfänger an der Bevölkerung nach Bundesländern im Januar 2014, unter: http://de.statista.com/statistik/daten/studie/4275/umfrage/anteil-der-hartz-iv-empfaenger-an-der-deutschen-bevoelkerung.

Ohne Verfasser – Die Welt: Ein Prozent der US-Bürger sitzt im Gefängnis, 2008, unter: http://www.welt.de/politik/article1739690/Ein-Prozent-der-US-Buerger-sitzt-im-Gefaengnis.html.

Ohne Verfasser – Die Welt: Auf der Suche nach der Quelle der Gier., 22. Juni 2013, unter: http://www.welt.de/print/die_welt/wirtschaft/article117359331/Auf-der-Suche-nach-der-Quelle-der-Gier.html.

Ohne Verfasser – Wikipedia: Arbeitslosengeld II, unter: http://de.wikipedia.org/wiki/Arbeitslosengeld_II.

Ohne Verfasser – Wikipedia: Chemische Industrie, unter: http://de.wikipedia.org/wiki/Chemische_Industrie.

Ohne Verfasser – Wikipedia: Christliche Soziallehre, unter: http://de.wikipedia.org/wiki/Christliche_Soziallehre.

Ohne Verfasser – Wikipedia: Cluster, unter: http://de.wikipedia.org/wiki/Cluster_(Wirtschaft).

Ohne Verfasser – Wikipedia: Dritter Weg, unter: http://de.wikipedia.org/wiki/Dritter_Weg.

Ohne Verfasser – Wikipedia: Einkommens- und Vermögensverteilung Deutschlands, unter: http://de.wikipedia.org/wiki/Wirtschaft_Deutschlands Einkommens-_und_Verm.C3.B6gensverteilung.

Ohne Verfasser – Wikipedia: Gini-Koeffizient, unter: http://de.wikipedia.org/wiki/Gini-Koeffizient.

Ohne Verfasser – Wikipedia: Kapitalismus contra Kapitalismus, unter: http://de.wikipedia.org/wiki/Kapitalismus_contra_Kapitalismus.

Ohne Verfasser – Wikipedia: Ordoliberalismus, unter: http://de.wikipedia.org/wiki/Ordoliberalismus.

Ohne Verfasser – Wikipedia: Rheinischer Kapitalismus, unter: http://de.wikipedia.org/wiki/Rheinischer_Kapitalismus.

Ohne Verfasser – Wikipedia: Soziale Marktwirtschaft, unter: http://de.wikipedia.org/wiki/Soziale_Marktwirtschaft cite_ref-245.

Ohne Verfasser – Wikipedia: Sozialquote, unter: http://de.wikipedia.org/wiki/Sozialquote.

Ohne Verfasser – Wikipedia: Staatsquote, unter: http://de.wikipedia.org/wiki/Staatsquote.

Ohne Verfasser – Wikipedia: Vermögensverteilung, unter: http://de.wikipedia.org/wiki/Verm%C3%B6gensverteilung.

Philipper, Jürgen: Die Schuldenkrise in der Euro-Zone – Schritte auf dem Weg zur Stabilisierung der Euro-Zone und Europas, in: impulse, November 2013, unter: http://library.fes.de/pdf-files/managerkreis/10370.pdf.

Radermacher, Franz Josef/Beyers, Bernd: Welt mit Zukunft. Die ökosoziale Perspektive, Hamburg 2011.

Rawls, John: Gerechtigkeit als Fairness, Frankfurt 2006.

Rawls, John: Geschichte der politischen Philosophie, Frankfurt 2012.

Rickens, Christian: Sozialstaatsdebatte. „Stütze streichen bis es quietscht!“, in: Manager Magazin Online, 23. März 2010, unter: http://www.manager-magazin.de/unternehmen/artikel/a-685051.html.

Sachverständigenrat Wirtschaft: Gegen eine rückwärtsgewandte Wirtschaftspolitik. Jahresgutachten 2013/14, unter: http://www.sachverstaendigenrat-wirtschaft.de/fileadmin/dateiablage/gutachten/jg201314/JG13_Ges.pdf.

Sachverständigenrat Wirtschaft: Gegen eine rückwärtsgewandte Wirtschaftspolitik, November 2013, unter: http://www.sachverstaendigenrat-wirtschaft.de/fileadmin/dateiablage/gutachten/jg201314/dokumente/JG13_kurz.pdf.

Sachverständigenrat Wirtschaft: Pressemitteilung: Gegen eine rückwärtsgewandte Wirtschaftspolitik, November 2013, unter: http://www.sachverstaendigenrat-wirtschaft.de/273.html.

Sattler, Friederike: Alfred Herrhausen – Manager und Symbolfigur des Rheinischen Kapitalismus, 2011, unter: http://www.badw.de/aktuell/akademie_aktuell/2011/heft3/10_sattler.pdf.

Schirrmacher, Frank: Minimum. Vom Vergehen und Neuentstehen unserer Gemeinschaft, München 2006.

Schirrmacher, Frank: Ego. Das Spiel des Lebens, München 2013.

Schroth, Jörg: Überblick über Rawls' Theorie der Gerechtigkeit, in: Ethikseite, unter: http://www.ethikseite.de/rawls-overview.html.

Streissler, Agnes: Armutsfalle oder Zukunftschance? Sozialpolitik in den USA, in: Arbeit und Wirtschaft, unter: http://www.arbeit-wirtschaft.at/servlet/ContentServer?pagename=X03/Page/Index&n=X03_999_Suche.a&cid=1184842219635.

Sozialdemokratische Partei Deutschlands (SPD): Godesberger Programm. Grundsatzprogramm der Sozialdemokratischen Partei Deutschlands (1959), unter: http://www.spd.de/linkableblob/1816/data/godesberger_programm.pdf.

Sozialdemokratische Partei Deutschlands (SPD): Berliner Programm. Grundsatzprogramm der Sozialdemokratischen Partei Deutschlands (1989), unter: http://www.spd.de/linkableblob/1812/data/berliner_programm.pdf.

Sozialdemokratische Partei Deutschlands (SPD): Hamburger Programm. Grundsatzprogramm der Sozialdemokratischen Partei Deutschlands (2007), unter: http://www.spd.de/linkableblob/1778/data/hamburger_programm.pdf.

Spangenberger, Michael (Hg.): Rheinischer Kapitalismus und seine Quellen in der katholischen Soziallehre, Münster 2011.

Thierse, Wolfgang: Wurzeln und Werte der sozialen Demokratie, in: Online Akademie der Friedrich-Ebert Stiftung, unter: http://www.fes-online-akademie.de/fileadmin/Inhalte/01_Themen/05_Archiv/Soziale_Demokratie/dokumente/FES_OA_Wolfgang_Thierse_Wurzel_Werte_der_SD.pdf.

Wagner, Marie Katharina: Das „Modell Deutschland" kehrt zurück, in: Frankfurter Allgemeine Zeitung Online, 19. November 2010, unter: http://www.faz.net/aktuell/politik/inland/f-a-z-konferenz-zur-zukunft-des-sozialstaats-das-modell-deutschland-kehrt-zurueck-11068394.html.

Wieland, Joachim: Steuergerechtigkeit statt Staatsverschuldung, in: Bundeszentrale für politische Bildung, 27. Februar 2013, unter: http://www.bpb.de/apuz/155713/steuergerechtigkeit-statt-staatsverschuldung.

Zweiter Deutscher Rundfunk (ZDF): „ZDFzeit“ fragt nach: „Wie sicher sind unsere Banken?“. ZDF-Dokumentation über „Die Milliarden-Zocker“ von Deutsche Bank und Co., unter: http://www.presseportal.de/pm/7840/2556035/-zdfzeit-fragt-nach-wie-sicher-sind-unsere-banken-zdf-dokumentation-ueber-die-milliarden-zocker-von.

Adressen zum Weiterlesen, Weiterhandeln und Weitergeben

www.arbeiterkind.de: Unterstützung für Menschen, die in ihrer Familie die ersten sind, die eine Universität oder Fachhochschule besuchen wollen.

http://bagfa.de/aktuelles.html: Website der Bundesarbeitsgemeinschaft der Freiwilligen-Agenturen e. V. zur Vermittlung von Ehrenämtern.

www.clubofrome.org: Website des Club of Rome mit vielen Informationen zum Thema Nachhaltigkeit.

http://entwicklungsdienst.de: Zentrales Internetportal für weltweites Engagement.

www.faw-neu-ulm.de: Website des Forschungsinstituts für anwendungsorientierte Wissensverarbeitung von Professor Doktor Franz Josef Radermacher.

www.foes.de: Website des „Forums Ökologisch Soziale Marktwirtschaft" mit zahlreichen Informationen und Stellungnahmen rund um das Thema.

www.foodsharing.de: Lebensmittel teilen statt wegwerfen.

www.hoevi.info/Public/AuthorView.aspx?UserID=30191: Website der Pfarrei von Mitautor Franz Meurer.

www.jungk-bibliothek.at: Virtuelle Bibliothek für Zukunftsfragen.

www.paritaet-nrw.org/content/index_ger.html. Webseite des paritätischen Wohlfahrtsverbandes mit zahlreichen aktuellen Informationen zu sozialen Themen.

www.senat-der-wirtschaft.de und http://www.igp-deutschland.de: Websites des Senats der Wirtschaft und des Instituts für Gemeinwohlorientierte Politikberatung mit dem Schwerpunkt ökologisch soziale Marktwirtschaft.

www.stadt-koeln.de/6/gruen/wald/04111/: Informationen zur Initiative „Ein Wald für Köln", die von der Stadt Köln und der Schutzgemeinschaft Deutscher Wald gemeinsam gestartet wurde.

www.upj.de: Website für Corporate Citizenship und CSR. Für Unternehmer und Unternehmen, die sich engagieren wollen.

www.wearewhatwedo.de: Website mit vielen kleinen und großen Anregungen zur Weltverbesserung.

www.weltwaldklima.de: Website der Welt Wald Klima Initiative. Ausführliche Informationen und Aktionsmöglichkeiten zu kompensatorischen Waldpflanzungen.

Dank

Wir danken unseren Unterstützerinnen und Unterstützern, die mit ihrer Recherche und ihren Hinweisen, aber auch mit Zuspruch und Kritik an der Umsetzung des Buchs maßgeblichen Anteil hatten: Thomas Kutzner, Daniel Jungblut, Lasse Meissner, Paula, Carla und Luise Ott, Uwe Eichner, Sascha Solbach, Greta Schroers, Selina Mederlet, Stefie Kempf, Judith Silbernagel und Annika Schwarz. Für seine Erläuterungen zur Gerechtigkeitstheorie von John Rawls danken wir Prof. Wilfried Hinsch vom Lehrstuhl für Praktische Philosophie der Universität zu Köln.